LA

FAMILLE ALAIN.

LA
FAMILLE ALAIN

PAR

Alphonse Karr.

TOME II.

BRUXELLES.

MELINE, CANS ET COMPAGNIE.

LIVOURNE, | **LEIPZIG.**
MÊME MAISON. | J. P. MELINE.

1848

LA

FAMILLE ALAIN.

I

Dans ce récit, plus véridique qu'il n'en a
peut-être l'air, je suis fort embarrassé lorsque
je fais parler mes personnages. Si je ne les
fais pas parler normand, je sacrifie la couleur locale; si je les fais parler normand,
vous n'y comprendrez rien. Après des méditations suffisamment longues, j'ai décidé que
je conserverais dans le dialogue les expres-
sions pittoresques et caractéristiques appartenant à l'idiome normand, mais que, pour
tout le reste, je m'efforcerais d'être intelli-
gible. D'ailleurs, quand on écrit, m'est avis
qu'il faut se décider pour une langue, sans
prétendre faire parler chaque personnage
qu'on met en scène dans le langage de
son pays; autrement, avant d'écrire et d'ouvrir un livre, il faudrait que le lecteur et
l'auteur sussent tous deux l'anglais, l'italien,
l'allemand, le hollandais, le russe, le français, etc., etc. Encore faudrait-il savoir
l'italien de Rome, l'italien toscan et l'italien
de Venise, le français de Paris et le français

de Vire, celui de Marseille et celui de Lille, le français du commerce et le français des journaux, le français parlementaire et une douzaine d'autres petits français indépendants. J'avoue que je ne puis prendre pour un trait de génie et une très-belle chose l'emploi des divers dialectes dans Homère. Du reste, après avoir donné les raisons du parti que j'ai pris, je dirai, comme disent les savants, que ceux qui ne sont pas de mon sentiment n'ont qu'à fermer ce livre, que je n'écris que pour les personnes de goût, et que je hais le profane vulgaire. J'ajouterai, comme disait madame Dacier des critiques d'Homère, que ceux qui sont d'un avis contraire au mien sont des ignorants, des gens sans pénétration, bouffis d'orgueil, sots, impudents, ridicules, téméraires, vanteurs d'eux-mêmes; que ce sont les pestes publiques d'un État, et qu'ils ne sont bons qu'à ruiner les gouvernements. Cette explication donnée, je continue mon récit.

Onésime reprit la pêche comme avant son départ. Une partie de l'argent qu'il avait apporté mit une petite aisance dans la maison. On acheta un canot plus grand, de nouveaux appelets; Pélagie et Bérénice eurent chacune des vêtements neufs pour les dimanches; Tranquille et Onésime, des bottes de pêche et des chemises de laine rouge. Jamais on n'avait été si content. On regrettait bien davantage encore Césaire à cause de la vie heureuse qu'il aurait partagée. Éloi dit à Onésime :

— S'il te reste de l'argent, Onésime, au lieu de le laisser dormir comme un *feignant* dans un vieux pot de grès, donne-moi-le, je le ferai travailler ; l'argent nous fait assez travailler, il faut qu'il travaille aussi. Je ne lui donne pas plus de repos qu'il ne m'en donne, et surtout qu'il ne m'en a donné. Si on n'est pas son maître, il a bien vite fait d'être le nôtre. Donne-moi ton argent ; je marierai les louis avec les pistoles, et ils te feront un tas de petites pièces de cent sous.

— Il ne m'en reste guère, mon cousin, dit Onésime, et encore je puis en avoir besoin d'un moment à l'autre ; d'ailleurs, excusez-moi, cousin, j'ai entendu dire souvent ici que votre argent travaille, il est vrai, mais qu'il fait un vilain métier.

— Ce sont des sots qui t'ont dit cela, Onésime. Regarde comment on est avec moi, dis s'il y a quelqu'un à qui on ôte le chapeau plus bas, et de la santé duquel on s'informe plus souvent ? Nous ne saurions aller d'ici au moulin de Beuzeval sans que quinze personnes viennent me demander comment je me porte. Si je dîne quelque part, à qui est-ce qu'on donne la meilleure place, et, ce qui vaut encore mieux, les meilleurs morceaux ? Je sais bien qu'on dit que je suis un usurier, mais on le dit bien bas, et on serait très-fâché si je l'entendais. Crois-tu qu'il y ait

quelqu'un dont on ne dise rien? Crois-tu
qu'on sache gré aux gens de ce qu'ils ne font
pas de mal? Supposons que je ne fisse pas
un peu travailler mon argent; on ne dirait
pas : « Éloi Alain est un bien brave homme,
qui n'aime pas trop l'argent; » pas le moins
du monde. On dirait : « Éloi est un ivrogne, »
ou bien : « Éloi est un prodigue. » Crois-tu qu'on
ne dise rien de toi? On ne peut pas dire que
tu es un usurier, toi; eh bien! on dit que tu
fais le monsieur, que tu aurais voulu épouser
Pulchérie Malais, que tu te pavanes avec
cette médaille dont tu as raison d'être fier,
qui fait que je te regarde comme mon fils, et
que, si tu as jamais besoin de moi pour
quelque chose, je suis là, tu m'entends?
Vois-tu, j'aime l'argent, c'est vrai; mais avec
l'argent on a tout ce qu'il y a au monde, ce
qui fait qu'on finit par ne plus avoir envie
de rien. Vois combien de choses on peut
avoir avec mille francs, c'est-à-dire qu'on
est embarrassé du choix. Avec mille francs,
je puis avoir une petite maison, ou un excellent bidet d'allure, faisant ses trente lieues
tous les jours, ou un bon coin de pré, ou six
feuillettes du meilleur vin, ou, ajouta-t-il en
ricanant, la plus belle fille du pays et peut-
être bien deux. Eh bien! si j'achetais une de
ces choses, je n'aurais qu'elle, tandis qu'en
gardant mon sac je jouis de toutes ces choses
à la fois; je les ai parfaitement toutes en
même temps. On dit que je porte de vieux

habits, c'est vrai; mais je n'ai qu'à mettre cent francs dans ma poche, il me semble que j'ai simultanément tous les beaux habits dont je n'aurais qu'un, si je lâchais mes cent francs. J'aime l'argent, et je crois avoir bien raison de l'aimer. Je viens de te dire quelque chose des bonheurs qu'il donne; mais regarde d'un autre côté : il n'y a pas un malheur que l'argent ne prévienne ou n'adoucisse. Si tu avais eu de l'argent, Césaire ne serait pas parti et ne serait pas mort, ou du moins il serait mort autrement, car, je dois l'avouer, l'argent ne nous empêche pas de mourir : seulement il meurt bien encore un peu plus de pauvres que de riches, sans compter que la pauvreté vous cloue avec sa chaîne de fer là où vous gagnez votre pain. Chez toi, tu n'es que pauvre; à dix lieues, on t'appelle vagabond : n'avoir ni domicile à soi ni moyen d'existence est un délit, et les articles 269, 270 et 271 du code pénal te condamnent à trois ou six mois de prison. Les hommes se décident bien vite à appeler voleur celui auquel ils ne peuvent espérer rien prendre. Les lois sont faites par les riches; aussi sont-elles faites pour les deux tiers au moins contre les pauvres. D'ailleurs, ce n'est pas seulement l'amour de l'argent qui m'a poussé aux affaires, c'est la vengeance. Les Malais avaient un compte avec moi, un terrible compte. Malais le douanier m'avait affreusement trahi; j'ai juré une haine profonde à toute cette race. Il y a trente-trois ans qu'en disant mon *Pater noster*, soir et matin, je passe les mots : Pardonnez-nous nos offenses comme nous les pardonnons à ceux qui nous ont offensés. La race des Malais s'était élevée, je l'ai abaissée; elle était riche, la voici pauvre tout à l'heure.

— Mais, cousin Éloi, dit Onésime, ceux-ci ne vous avaient rien fait?

— Tu ne tiens pas compte de leur vanité, de leurs dédains pour moi. Et puis..., c'est un combat...., une partie engagée... Deux hommes qui jouent un pot de cidre aux dominos finissent par se haïr un peu. Pendant la partie, ils ne supporteront pas l'un de l'autre certaines plaisanteries, regardées comme innocentes en tout autre temps. A mesure que j'acquiers une petite pièce de terre ayant appartenu aux Malais, je suis heureux comme on ne l'est pas. Je vais me promener dedans, j'y plante ou j'y déplante quelque chose. Aujourd'hui, si on comptait bien, j'aurais plus de droits qu'eux à m'appeler M. de Beuzeval ; mais ça, je n'y tiens pas. J'ai été bien aidé par ce comte. C'est un joueur forcené, qui a cru revenir à la raison et renoncer au jeu en se jetant dans des affaires industrielles : imbécile ! comme si on changeait ! C'est son ennemi qui changeait de nom, voilà tout. Il joue sans cartes. Je crois bien que, dans ce moment-ci, il joue avec des gens plus forts que lui, car ça va bien vite. Il s'agit d'une affaire... On ne peut pas encore réaliser, l'affaire n'est pas mûre, et il faut de l'argent, toujours de l'argent. On ne paye plus la pension du père Malais, qui vit je ne sais comment, quoique ça ne paraisse pas au dehors. Il a eu la bêtise de tout donner au mari de sa nièce ; il n'a au monde que le château, qui, loin de rapporter de l'argent, en coûte beaucoup. Tout le reste était au gendre, qui m'a presque tout vendu. A mesure que nous allons, il me vend moins cher, parce que, comme il me doit beaucoup, je suis de plus en plus maître des conditions. Il doit venir ici cette nuit. La séance sera orageuse, parce que je veux commencer à mettre la griffe sur le château. Quand il vient ici, ordinairement il arrive la nuit, comme il va encore faire, et il repart avant le jour. Personne ne sait rien de son apparition. Le temps de signer un papier timbré et d'empocher mon argent... Mais ce n'est plus cela : il va falloir qu'il aille trouver le père Malais, et que le père Malais s'engage pour une somme que je ne veux absolument prêter que sur le château. Le père Malais n'y sera pas trop disposé : on ne lui paye même pas sa pension, qui est tout ce qu'on lui a laissé de ses biens; cependant l'autre y arrivera avec des promesses et des mensonges.

— Mais, cousin, ne restera-t-il rien à ce pauvre M. Malais ? Vous êtes bien dur, cousin Éloi.

— Écoute, Onésime, quand je me croyais perdu, quand je sentais les flammes qui m'entouraient roussir déjà mes cheveux, tu es venu te jeter dans mes dangers, et tu m'as sauvé. Depuis ce temps, je me considère comme à toi, et il n'y a presque rien que je ne fisse pour toi ; mais je ne renoncerai pas à ma vengeance contre les Malais. Laisse faire, et un jour tu pourras, si ça te plaît, t'appeler à ton tour M. de Beuzeval. Est-ce qu'on ne t'a pas méprisé aussi ? Est-ce qu'on ne t'a pas repoussé ?

— Je n'ai jamais rien demandé, cousin.

— On a fait mieux, on n'a pas seulement songé un instant que tu pusses avoir l'audace de demander.

Onésime retourna près de son père, et tous deux allèrent lever leurs filets à la mer. Sur la fin de la nuit, ils revinrent à terre. Onésime prit un beau homard, monta à Beuzeval et sonna au château. Il était à peu près neuf heures du matin. Au lieu d'ouvrir la porte, on n'ouvrit qu'un guichet, à travers lequel Onésime vit un domestique en livrée avec un bandeau sur un œil.

— Voici quelque chose pour M. de Beuzeval, dit-il.

Le domestique étendit la main à travers le guichet et prit le homard.

— Vous direz que c'est de la part d'Onésime Alain.

Le domestique ne répondit pas un mot, prit le homard et referma le guichet.

— J'espère, pensa Onésime en s'en allant, que le maître recevra mieux mon présent que le valet.

Comme il redescendait, il vit sortir de la maison du meunier le comte, qui montait au château. Le comte était fort préoccupé, et ne vit pas Onésime. Il sonna, et le même guichet fut ouvert par le même domestique en livrée.

— Mon ami, dit le comte, annoncez à M. de Beuzeval que le comte de Morville arrive de Paris pour avoir l'honneur de le voir, et qu'il n'a que peu d'instants à lui consacrer.

Le guichet se referma, et dix minutes se passèrent, au bout desquelles le comte recommença à sonner. Ce fut la porte alors qui s'ouvrit, et M. Malais parut.

— Je ne m'attendais pas, monsieur, dit-il, à l'honneur de votre visite. Plusieurs lettres de moi, restées sans réponse, me faisaient croire que nos relations étaient finies.

— Monsieur, dit le comte, j'ai fait un voyage, et d'ailleurs j'attendais, pour vous répondre, que je pusse faire droit à vos justes réclamations ; je suis engagé dans des affaires où je suis sur le point de faire une immense fortune, et vous partagerez mes bonnes comme vous avez partagé mes mauvaises chances ; des retards imprévus sont venus reculer la réalisation. J'ai usé jusqu'à mes dernières ressources, et aujourd'hui une opération magnifique où j'ai engagé successivement toute ma fortune et toute celle de Pulchérie va échouer au port, si vous ne venez pas efficacement au secours de votre nièce et au mien.

— Au secours de quelqu'un, moi ! s'écria M. Malais, moi, dont vous avez fait un misérable mendiant ! Savez-vous, monsieur, à quelle situation vous m'avez réduit? Je n'ai plus un domestique, monsieur; le dernier m'a quitté parce que je ne pouvais plus lui payer ses gages ; il y a un an que vous ne me payez plus ma pension, et vous savez bien que de toute ma fortune, vous ne m'avez pas laissé autre chose. Cet homme, mon dernier domestique, a voulu partir ; comme je ne pouvais pas le laisser partir sans ses gages, je lui ai donné ma montre... il l'a reçue en pleurant, et après l'avoir d'abord refusée; je lui ai demandé seulement, puisqu'il quittait le pays, de partir sans parler à personne de ma détresse...

M. Malais s'aperçut que le comte regardait les breloques qui lui pendaient sur le ventre.

—Vous regardez ceci, M. le comte, ce n'est que le cordon que j'ai gardé et que je porte pour qu'au dehors on ne s'aperçoive de rien.

Et il lui montra que ce cordon était cousu dans son gousset de montre et que ces breloques étaient une trompeuse enseigne.

— Depuis un an, monsieur, je vis de la vente des bijoux de ma pauvre femme, que je vais vendre de temps en temps à Caen, où je dis que je m'en défais parce qu'ils me rappellent trop celle que j'ai perdue, tandis qu'ils sont pour moi un trésor inappréciable ; mais on ne peut avouer sa misère aux gens, monsieur ! Que penserait-on si on savait où en est aujourd'hui M. Malais de Beuzeval ? Et pourquoi en suis-je là, monsieur ? J'ai la générosité de ne pas vous le rappeler. J'avais consenti à me faire pauvre, mais non à me faire mendiant !

— Je sais, monsieur, répondit le comte, que vous avez le droit de vous plaindre. Pulchérie a dû vous dire...

— La comtesse de Morville, répliqua le pauvre Malais, encore fier d'appeler sa nièce comtesse au moment où il récapitulait ce que ce titre lui coûtait de misères à lui-même, la comtesse de Morville m'a écrit ce que vous venez de me dire, et la pauvre enfant m'a envoyé quelques louis : c'est le seul argent que j'aie reçu depuis un an. Sa lettre était fort triste et m'a fait craindre de n'avoir pas réussi à faire son bonheur, quoique je l'aie payé si cher.

— Je le sais trop, monsieur; une malheureuse affaire a absorbé tous mes capitaux et m'a réduit moi-même à la plus grande gêne, jusqu'au point de suspendre le payement de votre pension, qui est une dette sacrée; mais, l'affaire terminée, je ne me contenterai pas de vous solder l'arriéré, qui vous est légitimement dû : Pulchérie vous priera d'accepter votre part d'une affaire où vous aurez involontairement, il est vrai, engagé vos capitaux.

M. Malais restait froid; le comte toucha une autre corde.

— Les mauvais temps vont finir, M. de Beuzeval, dit-il, et l'été prochain vous nous verrez venir à Beuzeval, Pulchérie et moi, avec le luxe et l'éclat d'une fortune auprès de laquelle celle que vous avez possédée n'est rien.

Si le commencement était bon, la fin choqua M. Malais, qui dit avec une sorte d'aigreur :

— Prions Dieu, monsieur, que vous n'ayez pas à vous repentir de n'avoir pas su vous contenter de cette fortune que je vous ai donnée.

— Si vous refusez de m'aider dans cette dernière circonstance, tout est perdu, l'affaire manque faute d'une misérable somme de dix mille francs; Pulchérie et moi, nous sommes complétement ruinés, et le payement de votre pension, qui n'a été que suspendu pour des causes de force majeure, devient complétement et à tout jamais impossible; si, au contraire, vous me secourez, tout ira bien, et votre bien-être sera augmenté.

Le pauvre Malais se défendit longtemps. Enfin le comte lui dit :

— Et quel effet cela fera-t-il, monsieur, quand on saura que le comte et la comtesse de Morville, neveu et nièce de M. Malais de Beuzeval, sont en fuite et complétement ruinés, car je n'ai pas autre chose à faire demain, si vous ne consentez pas à m'accorder aujourd'hui ce que je vous demande?

Dès lors M. Malais ne résista plus et demanda même des détails sur l'affaire. On convint d'une grande fête qu'on donnerait l'été prochain à Beuzeval, fête à laquelle on inviterait tout le voisinage.

— De sorte, dit M. Malais, qu'on mettra ma retraite d'une année sur le compte du chagrin, bien véritablement vif, hélas! que m'a donné la perte de ma pauvre Dorothée; mais comment puis-je vous procurer aujourd'hui ces dix mille francs?

— Rien de plus facile, vous avez ici Éloi Alain le meunier, qui a de l'argent.

— C'est un usurier.

— Tant mieux, ce sont ceux qui vendent l'argent le moins cher, on ne leur doit pas d'humilité ni de lâchetés.

— Paradoxe, *mon neveu*, mais enfin...

— Eh bien! je vais aller chercher maître Éloi Alain, et, sur votre billet, il me comptera la somme de dix mille francs, c'est-à-dire nous prendrons cinq cents francs de plus, qui vous feront attendre les quelques jours qui nous séparent encore de la réalisation de notre affaire.

Le comte alla chercher Éloi. On discuta longtemps, on n'avait pas parlé à Éloi des cinq cents francs, il n'avait chez lui que dix mille francs; les cinq cents qu'on lui demandait de surplus, il lui fallait les emprunter lui-même, et Dieu sait à quel taux! Enfin il finit par donner les dix mille cinq cents francs pour treize mille francs de billets, payables le premier dans six mois et les autres successivement. Éloi, pendant qu'on discutait l'affaire, promenait sur le château de Beuzeval un regard de vainqueur hypocrite. Il ne put s'empêcher de prendre certains airs familiers avec M. Malais, qui avait le cœur assez élevé pour devenir plus fier par sa pauvreté (il n'y a que les esprits tout à fait supérieurs que la pauvreté ne rende ni honteux ni même fiers), et qui d'ailleurs aurait cru avouer sa ruine en ne montrant pas un peu de dédain et d'impertinence pour un homme comme le meunier. Il affecta de n'adresser la parole qu'à son neveu, et Éloi Alain s'étant avisé de prendre du tabac, sans y être invité, dans la tabatière de M. Malais, celui-ci jeta le reste du tabac dans la cheminée. Le meunier pâlit de colère. Son premier mouvement fut de rompre la transaction qui allait se faire; le second, d'exiger deux pour cent de plus pour les intérêts. M. Malais, qui avait obéi à son premier mouvement en jetant son tabac dans la cheminée, eut aussi un second mouvement : il pensa que cette action pleine d'un dédain magnifique aurait eu besoin, pour sa mise en scène, d'une tabatière d'or. Depuis qu'il avait vendu la sienne, et qu'il se servait d'une boîte de buis, il ne prenait du tabac qu'avec toute sorte de précautions, et quand il était bien sûr de ne pas être vu. Il crut réparer sa faute en donnant à cette tabatière un prix arbitraire :

— C'est le dernier présent de ma pauvre Dorothée, dit-il ; un jour que nous étions allés à la foire, elle me donna cette boîte en plaisantant.

Le meunier partit avec le comte, auquel M. Malais ne manqua pas de dire :

—Embrassez pour moi madame la comtesse.

II

Quand M. Malais fut seul, il fit cuire son homard, dont il mangea une partie ; puis il sella et brida son cheval, et alla payer quelques dettes qu'il avait dans le pays et qui le tourmentaient singulièrement ; il s'arrêta à la porte de la boutique d'un marchand de fourrage, que depuis quelque temps il évitait avec grand soin.

— Holà ! maître Goulet, dit-il à haute voix, envoyez quelqu'un tenir mon cheval.

Maître Goulet envoya son garçon, et vint lui-même le chapeau à la main recevoir M. de Beuzeval.

— Ma foi, maître Goulet, j'ai failli encore une fois passer devant votre porte sans m'arrêter ; c'est mon cheval qui m'a fait penser que nous n'avions plus rien à la maison. Cependant je me suis dit au moins dix fois : Il faut que j'aille payer maître Goulet. Vous deviez commencer à croire que je vous faisais banqueroute.

— Je voudrais que vous me dussiez soixante mille francs, M. de Beuzeval, dit maître Goulet. Je quitterais mon fonds, et je vous prierais de me faire la rente de mes soixante mille francs, je ne chercherais pas un autre placement.

M. Malais fut bien heureux en voyant quelle opinion on avait de lui, et il se félicita d'avoir sauvé l'extérieur au moyen des plus dures privations; il paya sa note, et ordonna qu'on lui envoyât une autre provision.

— Comment se fait-il donc que M. de Beuzeval achète du foin, demanda maître Goulet, lui qui a les plus belles prairies de la vallée d'Auge?

M. Malais sentit ses oreilles rougir ; mais il se hâta de répondre :

— Ne m'en parlez pas ; j'avais l'habitude

de ne garder que ma provision, comme de
juste. Du temps de ma défunte, j'avais trois
chevaux, et je savais bien ce qu'ils man-
geaient. Je vendais le reste de ma récolte, de
quoi. sans me trop vanter, nourrir plus d'un
régiment de cavalerie ; mais voici que ma
nièce, madame la comtesse de Morville, et
mon neveu, M. le comte de Morville, viennent me voir quelquefois et amènent des
chevaux : ma pauvre provision est bien vite
mangée, et, comme mon marché avec mes
preneurs pour mes prairies a encore plusieurs années à courir, il faut bien que
j'achète.

— Ce n'est pas que je m'en plaigne, dit
maître Goulet.

— Écoutez-moi, maître Goulet : vous allez
me porter tout de suite ce foin et cette avoine
chez moi ; mais il n'y a personne, le domestique et la servante m'ont demandé la permission de sortir ; ils sont, j'en suis sûr, sur
la route de Dive, où ils vont passer toute la
journée. Je les gâte un peu ; que voulez-
vous? Je suis seul aujourd'hui ; ils n'ont pas
grand'chose à faire ; je crois que quelque jour
ils me demanderont une autre permission,
celle de se marier ; ils sont comme deux tour-
tereaux, et alors je ne crois pas pouvoir les
garder.

— Ah ! M. de Beuzeval, si l'occasion s'en
trouvait, j'aurais à vous donner un domestique d'or, un vrai bon sujet.

— Nous verrons cela quand il en sera temps. maître Goulet, parce que je ne veux pas avoir trois domestiques ; ce ne serait pas raisonnable.

— Avec ça que ça vous gênerait !

— Pécuniairement parlant. je ne dis pas, maître Goulet ; mais je serais moins tranquille. Je vous disais donc qu'il n'y a personne à la maison ; vous entrerez dans la cour, et vous déposerez votre marchandise sous le hangar ; mes gaillards arrangeront et serreront le tout quand il leur plaira de rentrer.

Maître Goulet vint tenir respectueusement l'étrier à M. de Beuzeval, qui se remit en route et alla jouer la même comédie dans trois ou quatre boutiques. Il rencontra un homme avec lequel il s'arrêta quelque temps. Tout en causant et en passant la main dans la crinière du cheval :

— Une bonne bête, dit cet homme.

— J'aime mieux l'autre, dit M. Malais.

— Je croyais que vous n'en aviez plus qu'un ; il me semble que je vous vois toujours sur le même.

— Ils se ressemblent beaucoup en effet ; cependant l'autre a une marque blanche, une petite étoile au front, que j'aimerais mieux ne pas lui voir, car, sans cela, ils seraient tout à fait pareils. L'autre s'appelle Mouton, et celui-ci s'appelle Pyrame.

— Dites-moi, je vous prie, l'heure qu'il

est, M. de Beuzeval, demanda le paysan.

— Ma montre est arrêtée, dit M. Malais en rougissant ; il est près de deux heures.

Puis continuant sa route :

— Je ne peux pas m'exposer deux fois à une pareille humiliation, se dit-il.

Et il entra chez un horloger, auquel il acheta une montre pour ce qui lui restait d'argent de ses cinq cents francs. Il s'excusa même de ne pas en acheter une plus belle ; mais ce qu'il lui fallait, c'était une montre sans valeur pour mettre dans sa poche, et ne pas s'exposer à perdre, en la portant tous les jours, une montre de grand prix qu'il avait. Ensuite il retourna au château en disant :

— Quel butor que ce Mélinet, qui croit que j'ai toujours le même cheval ! A quoi sert-il alors que je sois allé vendre l'autre si loin, et que, de deux jours l'un, je me donne la peine de peindre sur le front de Pyrame une petite étoile blanche que j'efface le lendemain ?

Le soir, le domestique borgne rentra le foin apporté par maître Goulet. Le lendemain dans la soirée, le grand salon était éclairé, et l'on entendait un bruit de piano, qui n'était pas précisément de la musique, mais qui suffisait pour faire dire aux voisins et aux passants : « Ah ! ah ! il paraît qu'on danse au château. » Et comme, le jour suivant, le maire rencontra M. Malais sur son *second* cheval, c'est-à-dire sur Mouton, qui avait son étoile blanche, il lui dit :

— On dansait chez vous hier soir, M. de Beuzeval.

— Monsieur le maire, répondit le maître de Beuzeval, je considère comme un devoir pour ceux que la fortune a regardés avec faveur de déployer un certain luxe et de donner des fêtes. C'est une charité indirecte qui profite aux travailleurs, et n'est pas, comme la plupart des autres charités, interceptée par les fainéants.

La lettre promise pour peu de jours après et les nouvelles de la grande affaire n'arrivant pas, M. Malais eut bientôt à regretter la fête éclairée par quarante bougies qu'il s'était donnée à lui-même, et il fut forcé d'aller à Caen vendre la montre qu'il venait d'acheter, réservant toujours le cordon et les breloques, qui continuèrent à rebondir insidieusement sur son ventre.

A quelque temps de là, il rencontra Onésime et lui dit :

— Ah ! parbleu, mon garçon, je suis bien aise de te rencontrer. Tu as remis pour moi à quelqu'un de mes gens un superbe homard. Combien te dois-je, mon bon ami ?

— M. de Beuzeval, dit Onésime, qui trouva dans son cœur l'exquise délicatesse de l'appeler ainsi, lui qui le nommait le plus souvent M. Malais au temps de sa prospérité, c'était un petit présent que j'ai pris la liberté de vous faire. La pêche est bonne cette année, et cela donne à de pauvres gens comme nous le pouvoir de se montrer reconnaissants par un cadeau sans valeur des bontés qu'on a pu avoir pour eux. M. de Beuzeval a toujours été le protecteur de notre famille, et au besoin nous saurions encore où est le château, quoique à ce moment-ci nous soyons plus heureux que nous ne l'avons jamais été.

— Je vais toujours te donner de quoi boire un coup à ma santé, mon brave Onésime.

Il porta à sa poche une main qu'il retira aussitôt en disant :

— Je n'ai que de l'or, ce sera pour une autre fois.

A ce moment passait Mélinet, auquel M. Malais, se souvenant que ce jour-là Pyrame avait son étoile et s'appelait en conséquence Mouton, se hâta de dire bonjour, afin d'attirer son attention sur le front de son *second* cheval. Puis il prit le petit galop; quand il se sentit hors de vue, il arrêta son cheval et regarda soigneusement autour de lui. Se voyant seul, il tira sa tabatière de buis et se régala d'une prise de tabac qu'il se refusait avec une inflexible dureté depuis une demi-heure qu'il en mourait d'envie.

La provision de foin ne tarda pas à être épuisée. On ne reçut point de nouvelles de la grande affaire. Il fallut que M. Malais recommençât à mener pendant la nuit son cheval Pyrame paître la luzerne des voisins. Un matin, les habitants de Beuzeval entendirent, comme de coutume, la cloche du château annoncer le déjeuner. M. de Beuzeval passa dans la salle à manger, où il ne trouva absolument rien. Il grignota une croûte de pain, et se prépara à aller à Caen faire un de ces voyages dont il rapportait toujours un peu d'argent, parce qu'il y allait vendre quelque débris de sa splendeur passée; mais, quand il fut à une lieue déjà, il se rappela que ce jour-là était un dimanche, que le marchand qu'il avait à voir ne serait pas à sa boutique, et qu'il fallait attendre au lendemain. Il rentra à Beuzeval et de là descendit à Dive. Bérénice était à sa porte, qui faisait de la dentelle, et lui adressa une gracieuse révérence; il s'arrêta pour lui dire quelques mots. Pélagie, qui préparait le dîner de ses gens, lui demanda des nouvelles de Pulchérie.

—Madame la comtesse de Morville va bien, dit-il, j'ai reçu de ses nouvelles assez récemment. Mon neveu, le comte de Morville, m'a promis d'amener la comtesse cet été.

Onésime et son père allaient rentrer. Pélagie demanda à M. de Beuzeval la permission de s'occuper de leur soupe, parce qu'il leur fallait retourner à la mer aussitôt après le dîner. M. Malais était descendu de cheval et était entré dans la maison.

— Voici, dit-il, une soupe qui sent vraiment bon; c'est de la soupe aux choux.

— Et vous ne connaissez guère cela, M. de Beuzeval?

— Ce n'est pas faute d'en demander assez souvent à la maison. J'aime passionnément la soupe aux choux, mais on ne veut pas en faire chez moi.

— C'est que ça n'est pas non plus tout à fait une soupe de bourgeois.

— Celle-ci sent délicieusement bon, Pélagie; mais vous avez toujours été bonne cuisinière.

— Ah! monsieur, il y a quelque chose qui m'aide bien à faire de bons dîners à nos gens.

— Et quoi, Pélagie?

— L'appétit; ils sont partis cette nuit pour la mer. Tenez, les voici qui reviennent fatigués, mouillés, mourant de faim; tout cela donne un bon goût à la soupe.

Les pêcheurs entrèrent.

— Arrivez, arrivez! dit M. Malais, vous avez une fameuse soupe qui vous attend. Ah! parbleu! elle sent par trop bon; je vais m'en passer la fantaisie. Pélagie, donnez-m'en une assiettée, je vais en manger quelques cuillerées avec vous. Certes, il n'y a pas bien longtemps que j'ai fait un déjeuner, ce qu'on appelle un bon déjeuner, mais sans appétit, sans plaisir.

— Vrai! M. Malais, vous voulez bien manger la soupe avec nous?

Et elle s'empressa de mettre du linge blanc sur la table. Bérénice alla chercher un pot de cidre. Onésime *amarra* le cheval à l'ombre; puis on se mit à table en ayant soin de donner le meilleur siége à M. Malais; il dévora l'assiettée de soupe.

— Ma foi, disait-il, il y a bien longtemps que je n'ai mangé quelque chose avec tant de plaisir.

— Prenez-en encore une assiettée, puisqu'elle vous semble bonne.

— Mais c'est que je dîne à cinq heures, et je ne pourrai plus dîner. Ma foi, tant pis, elle est si bonne! Dîner ici ou dîner là-bas, je ne dînerais pas avec de plus braves gens; donnez-m'en encore une assiettée, Pélagie.

La seconde assiettée disparut comme la première. Bérénice enleva la soupe, et mit sur la table un énorme plat de choux avec un bon morceau de lard. M. Malais était décidé à ne pas dîner chez lui : sa cuisinière serait furieuse; mais il irait jusqu'au bout.

— Voici d'excellent pain; est-ce vous qui le faites, Pélagie?

— Oui, monsieur, j'ai toujours fait notre pain.

— Il y a du seigle dedans?

— Oui, c'est meilleur marché, et ça conserve le pain frais plus longtemps.

— J'aime beaucoup un peu de seigle dans le pain, ça lui donne un goût parfait. Encore un peu de choux, père Risque-Tout. Voici du petit cidre qui n'est pas mauvais. Et moi qui parfois m'amusais à vous plaindre, quand je pensais à toutes les inutilités dont nous sommes entourés, nous autres, et dont vous êtes privés! Il y a bien longtemps que je n'ai fait un si bon dîner!

Le cousin Éloi entra. M. Malais rougit un peu. Onésime, qui, seul dans la famille avec Bérénice, soupçonnait le degré de détresse où était tombé le maître de Beuzeval, fut contrarié de son arrivée.

— Voyez, cousin Éloi, dit-il, n'avons-nous pas décidé M. de Beuzeval à accepter une cuillerée de notre soupe?

— Une cuillerée! dit M. Malais, dis donc une assiettée! dis donc deux assiettées, et des choux et du lard; dis donc que je n'ai jamais fait un si bon dîner de ma vie.

Onésime et son père se remirent en route. M. Malais remonta à cheval et disparut.

III

Un jour, une voiture s'arrêta à la porte du château. On sonna, le guichet s'ouvrit; puis à peine le domestique en livrée et à bandeau noir sur l'œil eut-il aperçu la personne qui voulait entrer, qu'oubliant sa réserve et sa

taciturnité habituelles, il ouvrit la porte et
serra sur son cœur une jeune femme vêtue
de noir et portant dans ses bras un enfant
qui semblait souffrant. La jeune femme
recula effrayée. M. Malais s'aperçut alors de
ce que la surprise et l'émotion lui faisaient
faire ; il arracha le bandeau qu'il avait sur
l'œil, ôta sa livrée et dit :

— Pulchérie, ma nièce, ma fille !

Pulchérie lui rendit ses embrassements et
lui mit sans rien dire l'enfant dans les bras,
en lui montrant du regard que cet enfant
aussi était vêtu de noir.

Pulchérie fit déposer une petite malle dans
la maison et congédia le voiturier. Puis, re-
prenant son enfant :

— Mon oncle, dit-elle, cet enfant et moi
nous venons à vous dans notre détresse. Le
comte de Morville est mort ; il est mort complétement ruiné. Aussitôt après sa mort, une
nuée de créanciers est venue s'abattre sur la
maison ; je leur ai tout abandonné ; j'ai mis
dans cette malle quelques objets indispensa-
bles à mon fils et à moi ; nous venons vous
demander un asile et du pain.

— Mes enfants, mes pauvres enfants ! dit
le vieux Malais en pleurant, nous partagerons
tout ce que j'ai ; mais, grand Dieu ! je n'ai plus
guère à vous faire partager que la misère.

— Mais, mon oncle, que signifie ce costume
sous lequel...

M. Malais fut un peu embarrassé.

— Tu sais que ton mari ne m'avait laissé de toute ma fortune qu'une pension...

— Qu'il vous payait très-inexactement.

— Qu'il avait fini, et depuis longtemps, par ne plus me payer du tout. Je n'ai vécu que d'expédients, en vendant pièce à pièce quelques bijoux et mon argenterie, que j'allais porter loin d'ici ; mais si je me suis résigné à une pareille pauvreté, il est une chose à laquelle je ne me serais pas résigné : c'est de savoir ma misère connue de gens qui m'ont toujours vu riche et heureux. J'avais renvoyé tous mes domestiques, moins un, sous divers prétextes ; il ne m'en restait qu'un, mais, comme je ne pouvais le payer, il s'en est allé, et je lui ai donné ma montre pour ses gages.

M. Malais montra douloureusement à sa nièce le cordon de montre qui ne tenait qu'au gousset vide.

— Je n'ai plus laissé entrer personne ici ; cependant, comme il faut encore recevoir des lettres et certains objets, et comme aussi il faut faire certaines besognes, telles que de panser mon cheval, de nettoyer son écurie, j'ai imaginé de faire tous ces ouvrages revêtu d'une livrée et suffisamment déguisé par ce bandeau sur l'œil. Par ce moyen, personne ne se doute de ma position.

—Mon pauvre oncle, dit Pulchérie, je vous aiderai, je vous soulagerai ; je suis forte encore, bien que les chagrins aient un peu al-

téré ma santé; j'ai été élevée à la campagne,
chez les Alain; j'ai été élevée comme eux.

— Mais, dis-moi donc un peu, comment le
comte est-il mort si vite?

— Oh! mon oncle, n'en disons jamais rien
à personne. Le malheureux! il s'est tué, dit-
elle en sanglotant. Que son enfant même
n'en sache rien, quand il sera en âge de com-
prendre. Il s'est tué, mon oncle, quand il a vu
que le jeu sous toutes ses formes ne lui laissait plus aucune ressource; il s'est tué, on
m'a rapporté son cadavre! Après qu'on lui a
rendu les derniers devoirs, j'ai tout laissé
aux créanciers; je n'ai emporté que les bijoux
que je devais à vos bontés, et dont j'ai vendu
quelques-uns pour faire mon voyage; puis je
suis venue me réfugier avec mon pauvre enfant auprès de celui qui s'est ruiné à cause
de moi.

— Il n'y a point de ta faute, ma pauvre
enfant, il est seulement bien malheureux que
nous n'ayons pas écouté ta chère tante : elle
ne voulait pas de ce mariage, qui a été notre
perte à tous. Mais puisqu'il est mort... tout lui
doit être pardonné. Tu seras ma consolation,
ma chère Pulchérie, nous élèverons ton fils
ensemble; quel malheur que je sois pauvre
maintenant!

— Voici quelque argent qui provient de
la vente de presque tous mes bijoux, mon
cher oncle.

M. Malais ne parla à personne de l'arrivée

de sa nièce, qui ne sortait pas à cause de son deuil récent ; lui-même sortit peu , il n'était plus seul dans cette grande maison. Pulchérie fit tous les efforts imaginables pour lui faire quitter l'habitude qu'il avait prise de porter sa propre livrée en vaquant le matin à certains travaux. M. Malais ne voulut rien entendre, il répétait qu'il pouvait se résigner à la pauvreté, à la misère même, mais pas à la honte, et qu'il aimerait cent fois mieux mourir que d'avoir des témoins de son abaissement. Pulchérie se montra fort abattue dans les premiers jours qui suivirent son arrivée. Cette dernière catastrophe n'était pas venue sans chagrins préalables : son mari avait exigé d'elle tous les sacrifices qu'elle avait pu faire pour alimenter la nouvelle sorte de jeu appelée *affaires* à laquelle il s'était livré. Quand elle avait eu un enfant, elle avait eu le courage de lui faire quelques observations, elle avait parlé de conserver les débris de la fortune de ce pauvre enfant ; alors les emportements et les mauvais traitements l'avaient obligée de céder ; il y avait plus d'un mois qu'elle ne l'avait vu quand on l'avait rapporté noyé ; quelques heures après était arrivée par la poste une lettre dans laquelle il annonçait sa funeste résolution , en conseillant à sa femme d'aller avec l'enfant se réfugier auprès de M. Malais, qu'il exprimait le plus vif regret d'avoir ruiné avec lui.

Tout doucement néanmoins Pulchérie retrouva du calme à Beuzeval. Elle se partageait entre son enfant et son oncle, elle trouvait de la distraction et du plaisir dans certaines occupations qui lui avaient été inconnues depuis qu'elle avait quitté la maison de Pélagie ; elle préparait les repas et prenait soin du ménage. Elle dit un jour à M. Malais, qui se plaignait de sa pauvreté :

— Mon oncle, vous êtes pauvre, parce que vous le voulez bien. Vendez le château ; réservez-vous seulement pour nous trois la maison du jardinier avec le petit jardin qui en dépend. Ne faisons plus semblant d'être riches, et nous cesserons d'être pauvres.

M. Malais se récria : s'il vendait le château, c'est qu'il quitterait le pays pour n'y jamais remettre le pied.

— Quoi ! mon oncle, dit Pulchérie, quitteriez-vous sans regret le pays où vous êtes né, où est la tombe de ma tante ?

— Non certes ; mais alors ne me parle plus d'afficher notre misère et de l'exposer à tous les yeux. J'ai encore une ou deux pièces de terre par-ci, par-là ; si je trouve une bonne occasion, je les vendrai, et, vivant comme nous vivons, cela nous mènera loin ; j'achèverai de vendre notre argenterie, et du moins le comte, ton fils, sera propriétaire du château de Beuzeval.

M. Malais se cachait de sa fille pour mener paître Pyrame pendant la nuit ; elle faisait semblant de ne pas s'apercevoir des enfantillages qui consistaient à peindre, de deux jours l'un, l'étoile qui changeait Pyrame en Mouton. Lui-même finissait par dire : « Je montais Pyrame » ou « je montais Mouton, » quand il faisait un récit à sa nièce en rentrant de quelqu'une de ses courses, moins fréquentes à cause de la société qu'il trouvait chez lui, et puis aussi à cause de l'hiver qui survint. Sa lutte avec l'opinion, ou plutôt son martyre de l'opinion des autres, n'était pas près de finir.

Deux ou trois fois Onésime apporta du poisson, qu'il remit par le guichet au domestique en livrée, que du reste il ne reconnaissait pas. Pulchérie s'était informée avec affection de toute la famille Alain. Sa douleur calmée, elle aurait désiré voir les amis de son enfance ; mais à une allusion qu'elle avait faite une fois à ce désir, son oncle avait répondu qu'il souffrirait beaucoup de voir madame la comtesse paraître dans une condition de fortune inférieure à son rang.

— Cependant, dit-il, un jour que j'irai par là, je leur dirai que tu es ici, et, si cela te fait plaisir, ils viendront te voir au château.

Et, après avoir fait cette promesse, M. Malais trouva toute sorte de prétextes pour en ajourner l'accomplissement ; il sortait peu, il n'avait pas passé par là, ou les hommes étaient à la pêche, et les femmes à laver à la fontaine.

Un jour, Onésime rentra pâle et ému ; il dit à Bérénice qu'en traversant le cimetière il y avait vu, à genoux sur une tombe avec un enfant, une jeune femme vêtue de noir; l'enfant était également en deuil, et cette femme... cette femme était Pulchérie... ou du moins c'était la plus bizarre ressemblance qu'il eût vue de sa vie.

— Mais non, ajouta-t-il, je ne me trompe pas; j'ai senti que c'était elle.

Le soir, quand il revint de la pêche, Bérénice lui dit :

— Tu avais raison, Pulchérie est au château. M. Malais est venu nous voir pendant que vous étiez à la mer; je lui ai dit que tu avais cru reconnaître Pulchérie dans le cimetière. « Il ne s'est pas trompé, » m'a dit M. Malais.

—Pulchérie ici ! s'écria Onésime. Oh ! non, je ne m'étais pas trompé, une autre femme ne m'aurait pas fait froid aux cheveux comme je l'ai eu quand je l'ai aperçue.

— Laisse-moi donc finir, Onésime. « Elle « est allée, » m'a dit ensuite M. Malais, « avec le « jeune comte... prier sur le tombeau de ma « pauvre Dorothée. Ma nièce est veuve et...»

— Veuve ! s'écria Onésime.

—Allons ! tais-toi, ne fais pas de nouveaux rêves... « Ma nièce est veuve, » m'a dit M. Malais, « et elle vient passer son veuvage auprès « de moi; elle est fort triste. »

— Fort triste, murmura Onésime.

— « Elle est fort triste et vit dans la retraite « la plus absolue. Cependant, Bérénice, elle

« désire vous voir, vous et toute votre famille.
« Venez au château, non pas tous ensemble,
« cela aurait un air de fête qui ne conviendrait
« pas, mais successivement ; elle sera très-
« contente de vous voir. »

— Elle sera très-contente de nous voir !
répéta Onésime.

— Je voulais y aller tout de suite, mais
M. Malais m'a dit de n'y aller que demain.

— Tu la verras demain... le matin... de
bonne heure ?...

— Oui, et je lui annoncerai ta visite.

Le lendemain matin, Pulchérie tomba en
pleurant dans les bras de Bérénice qui ne
pleurait pas beaucoup moins qu'elle. Malgré
la défense de M. Malais, qui n'avait retardé
la visite de Bérénice que pour avoir le temps
de chapitrer sa nièce à ce sujet, elle lui
confia tout ce qui lui était arrivé et sa situation réelle.

—Viens me voir souvent, lui dit-elle, viens
quelquefois avec Pélagie, et, ajouta-t-elle,
amène une fois Onésime et le bon père Tranquille.

Elle fit mille questions sur toute la famille,
puis elle dit :

— Je sais faire toute sorte d'ouvrages ; ne
pourrais-tu, par les gens à qui tu vends ta
dentelle, me faire avoir du travail ?

— Vous ! madame la comtesse ?

— Ma pauvre Bérénice, oublions ce rêve,
qui n'a pas même été un beau rêve ; je suis

aujourd'hui pauvre. Mon oncle a beaucoup perdu de sa fortune, dit-elle en atténuant la situation par égard pour la manie de M. Malais ; je ne veux pas être tout à fait à sa charge, et d'ailleurs il faut que je m'occupe, cela me donnera un peu de distraction. Mais attends, que je te montre mon enfant.

L'enfant dormait dans son berceau ; la jeune femme et la jeune fille le regardèrent longuement avec complaisance.

— Amène-moi bientôt maman Pélagie ; je verrai les autres un peu plus tard, et un peu plus tard encore je retournerai chez vous comme par le passé. quand mon fils marchera. Ne répète de ce que je t'ai confié que ce que tu jugeras indispensable, et songe à ce que je t'ai dit pour l'ouvrage à me procurer.

Quand Onésime eut touché terre, il accourut à la maison et entraîna Bérénice dans le petit jardin.

— Eh bien? dit-il.

— Eh bien ! je l'ai vue ; elle est fort triste et fort changée ; elle a un tout petit garçon, beau comme un ange, tout son portrait...

Ce dernier mot adoucit un peu ce qu'il y avait de poignant pour Onésime dans ce qui précédait, et que Bérénice avait accumulé avec intention pour ne pas donner à Onésime un encouragement qui amènerait nécessairement une nouvelle déception. Cet enfant de Pulchérie, qui lui ressemblait, rendait moins présente pour Onésime la pensée d'*un*

autre; il sentit que, puisqu'il ressemblait *à
elle*, il pourrait le voir sans horreur.

En général, parmi les enfants, les garçons
ressemblent à la mère, et les filles au père.
C'est ce qui amène cette infinie variété dans
les visages. La nature montre ainsi une foule
de prévoyances qui se trahissent par des affi-
nités. Ainsi les hommes de grande taille pas-
sent pour aimer les petites femmes ; les
hommes petits, au contraire, ne trouvent jamais une femme assez grande. Sans ce goût,
qui semble bizarre au premier abord, peu de
temps après le commencement du monde, il
y aurait eu deux races distinctes, une race
de géants et une race de nains, qui seraient
toujours allées en s'exagérant.

Bérénice retourna le lendemain avec Pélagie revoir la comtesse. Elles étaient chargées,
par le père Tranquille et par Onésime, de
porter deux belles soles à Pulchérie. On
pleura encore, on regarda, on admira l'enfant qui était beau et gros ; il y eut autant
de confiance, mais moins de confidences.
Pulchérie rappela à Bérénice sa résolution de
travailler, et celle-ci, quelques jours après,
lui apporta à faire des broderies, dont on
fixerait le prix quand on aurait vu comment
elles étaient exécutées. L'exécution parut
assez satisfaisante pour qu'au prix qui fut offert, Pulchérie vît qu'elle pourrait, avec un
travail assidu, subvenir à peu près aux dé-
penses modestes de son petit ménage.

Onésime alla enfin voir Pulchérie avec sa
sœur ; elle le reçut amicalement, quoique un
peu gênée par les confidences que lui avait
faites autrefois Bérénice ; mais lui, en se re-
tirant, dit à Bérénice :

— Oh ! ma sœur, quelle majesté donne le
malheur ! C'est maintenant que je trouve
Pulchérie au-dessus de nous.

Il avait regardé l'enfant d'abord d'un air
morne, mais l'enfant lui avait souri, et, tandis que les femmes se le passaient l'une à
l'autre, il l'avait pris à son tour et l'avait
caressé.

IV

Bérénice allait souvent voir Pulchérie, et
elles travaillaient en devisant. Un jour, elle
la trouva fort alarmée ; son pauvre enfant
avait eu toute la nuit une grosse fièvre, il
pleurait et refusait le sein de sa mère. Le seul
médecin qu'il y eût à Dive, et qui desservait
aussi Beuzeval, était absent. Il fallait aller à
deux lieues de là pour en trouver un. Onésime prit le cheval du meunier. Le médecin
offrait de venir le lendemain, parce que son
cheval était boiteux et qu'il était trop tard
pour penser à faire deux fois la route, aller

et revenir, à pied. Onésime lui donna le cheval d'Éloi Alain. Le médecin fit ses prescriptions et ordonna des bains d'eau de mer tous les deux jours ; mais, comme on n'était qu'au commencement du printemps, il n'y avait pas moyen de mener l'enfant les prendre sur la plage. Il conseilla d'apporter l'eau de la mer et de la faire tiédir. Onésime se chargea d'apporter l'eau. Le voyage de Dive à Beuzeval, toujours en montant et avec deux seaux, est à peu près ce que peut faire un bon cheval, et beaucoup plus que ne peut faire un homme. Les premières fois, Onésime, accablé de fatigue et de sueur, s'arrêtait à la porte et n'entrait que lorsque les traces de sa lassitude étaient à peu près disparues. Comme cette corvée ne le dispensait pas du tout du travail de la mer, au bout d'une semaine Onésime était exténué. Un jour qu'il était en retard pour le bain, il entra au château aussitôt arrivé, et il ne prit ni le temps ni le soin de se reposer, comme il en avait l'habitude. Pulchérie fut attendrie et effrayée à la fois de l'état dans lequel il était ; elle essuya elle-même son front, et dit à Bérénice, qui vint la voir dans la journée :

— Je ne veux plus qu'Onésime monte de l'eau à Beuzéval, cela le tue.

— Je le sais bien, dit Bérénice, et je le lui ai dit ; mais il prétend qu'on le tuera bien plus vite et bien plus sûrement en ne lui laissant pas faire ce qu'il veut.

— J'ai pensé à un moyen, dit Pulchérie; nous pourrions bien baigner mon petit Édouard chez vous.

— Cela vaudra mieux certainement.

— Eh bien! j'irai le demander demain à Pélagie.

— Vous n'avez rien à demander chez nous, c'est toujours chez vous. Maman disait dans le temps : « Pulchérie pourra ne plus être ma fille, mais je serai toujours sa mère. »

Dès le lendemain, le petit Édouard prit ses bains dans la maison des Alain. Un matin, Onésime, comme tous les jours, puisait deux seaux d'eau à la mer, quand vint à lui un douanier qui lui dit :

— Remettez cette eau dans la mer.

— Et pourquoi? demanda Onésime.

— Je n'en sais rien ; c'est ma consigne.

— C'est pour faire un bain à un enfant malade.

— Ça ne me regarde pas; il faut rejeter l'eau à la mer.

— Par quel ordre?

— Par l'ordre du brigadier de la douane.

— Ma foi, dit Onésime, je ne la rejetterai pas. L'eau est tirée, je l'emporte.

— Vous avez tort, dit le douanier, il vous en arrivera malheur.

Onésime ne répondit pas et emporta l'eau. Le lendemain, comme il venait encore puiser de l'eau à la mer, le même douanier lui enjoignit de se retirer et ajouta :

— Le brigadier a dit que si vous *n'obtem-périez* pas à la consigne, et si vous enleviez encore de l'eau, il fallait vous conduire au poste...

Quelques pêcheurs s'étaient rassemblés sur la plage ; aucun d'eux ne voulait prendre au sérieux cette prohibition, qui était pourtant très-réelle.

— Eh quoi! disait l'un, est-ce parce que l'almanach annonce de la sécheresse pour cette année?

— Peut-être, disait un autre, que le gouvernement fait faire une si grande, si grande frégate, qu'on a peur que la mer n'ait pas assez d'eau pour la porter.

— Sérieusement, dit un troisième, c'est tout simplement parce qu'on sait que de pauvres gens comme quelques-uns d'entre nous salent leur soupe avec un peu d'eau de mer, n'achètent pas de sel, et par conséquent n'en payent pas.

— On ne pourra donc plus faire cuire le coquillage ni le poisson dans l'eau de mer? Ce n'est que comme ça qu'il est bon.

— On trouve déjà que le pauvre monde ne paye pas assez d'impôts, nous surtout, qui sommes au service depuis seize ans jusqu'à cinquante-cinq ans !

— Et nos rôles de navigation, est-ce que nous ne les payons pas?

— Onésime, disait l'un, jette ton eau, ne te fais pas d'affaire.

— Onésime, disait un autre, ne jette pas l'eau ; nous ne sommes pas des bestiaux, pour obéir ainsi à tout ce qui passe par la tête d'un douanier.

Onésime répondit qu'il emportait l'eau, que c'était pour un enfant malade, et que c'était une cruauté d'y mettre des obstacles.

— Alors je vous arrête, dit le douanier.

— Je ne refuse pas d'aller avec vous au poste, répondit Onésime, mais auparavant je veux porter cette eau où on en a besoin. Attendez-moi là, et je suis à vous dans cinq petites minutes.

— Est-ce que vous vous moquez de moi? demanda le douanier.

— Ça dépend. Si vous êtes un brave homme, faisant de son mieux exécuter une consigne donnée par des chefs, je ne me moque pas du tout de vous; si vous êtes un taquin et un entêté, si vous refusez d'écouter la raison et de croire à la parole d'un honnête homme, si vous ne me laissez pas aller porter cette eau, quand je vous ai promis que je reviendrai pour vous suivre où vous voudrez, alors c'est différent, je me moque de vous.

— Vous allez jeter l'eau tout de suite et venir avec moi, sinon je vous mets la main sur le collet.

— Si vous mettez la main sur moi, l'ami, ce sera votre faute, mais il arrivera du vilain. Je vous donne ma parole d'honneur que je

reviendrai aussitôt que j'aurai porté l'eau
pour le bain de ce pauvre petit enfant malade, et que je vous suivrai après à votre
poste ou ailleurs, ça m'est égal. Ça vous
va-t-il ?

— Jetez l'eau et venez avec moi.

— Eh bien ! mon brave, je vais vous parler franchement ; je commence à trouver cela
ennuyeux et fatigant.

— Tu as raison, Onésime, dit Éloi Alain,
qui survint et se fit expliquer le sujet de la
querelle, tu as raison, tu offres tout ce qu'un
honnête homme peut désirer. Si cela ne
convient pas à messieurs les habits verts,
qu'ils aillent se promener et nous laissent
tranquilles.

Éloi Alain n'avait pas plus pardonné aux
douaniers qu'aux Malais. Le douanier porta
la main au collet d'Onésime ; mais celui-ci,
mettant sa jambe derrière celle du préposé,
de manière à faire un point d'appui à son jar-
ret, lui donna un coup de main dans l'esto-
mac. Le douanier perdit l'équilibre, chancela
et roula sur la plage. Il se releva en mettant
la main à son sabre. Les pêcheurs formèrent
aussitôt entre le douanier et Onésime, qui
emportait ses deux seaux d'eau, une haie
épaisse que, malgré ses efforts, le commis ne
put entamer. Onésime porta l'eau de mer à
la maison et ressortit, prêt à tenir la parole
qu'il avait donnée au douanier, et à le suivre
au poste ou à la mairie ; mais celui-ci était

parti après avoir dressé procès-verbal. Le lendemain, Onésime puisa de l'eau et le surlendemain aussi ; le troisième jour, il arriva un ordre d'embarquement *à bord de l'État*, c'est-à-dire une feuille de route constatant qu'Onésime Alain se dirigerait immédiatement vers Cherbourg, où il serait mis à la disposition de M. le capitaine commandant la frégate de l'État *la Vigilante*. Onésime dit à Bérénice :

— Écoute bien ceci, Bérénice. Je n'irai pas à Cherbourg. N'en dis rien au père et à la mère, ça les inquiéterait ; mais comme je sais bien que je mourrai de chagrin s'il faut que j'aille là-bas, je n'irai pas à Cherbourg. Excepté toi, tout le monde me croira parti. J'ai à veiller ici à bien des choses. Pour toi-même, ce sera comme si j'étais parti, car tu ne me verras guère. Il faut que je fasse semblant de me mettre en route ; on me croira loin d'ici ; on sera longtemps sans s'occuper de moi. On ne sentira pas un grand vide à bord de *la Vigilante*, parce que j'aurai négligé d'aller m'y embarquer. Tant qu'on ne me verra pas ici, on ne prendra pas la peine de penser à moi. Si cependant tu avais besoin de moi pour toi, pour nos parents, tu planteras un clou dans l'arbre, tu sais, l'arbre où tu as écrit, il y a longtemps, trois lettres qui représentaient trois noms, dont l'un des trois ne commence plus maintenant par la même lettre, le nom de famille du moins. Si c'est elle qui a besoin de moi, au lieu de ficher un clou dans l'arbre, tu en ficheras deux. Maintenant, ne dis rien à personne. Je vais faire viser ma feuille de route par M. le maire; ce soir, je vous ferai mes adieux, et demain dès le jour je partirai.

— Mon Dieu! Onésime, que vas-tu faire? Ne t'exposes-tu pas en refusant d'obéir ainsi aux ordres de M. le commissaire de la marine?

— Oui, je m'expose, mais je ne sais pas bien à quoi, tandis qu'en m'en allant d'ici, je sais que je m'expose d'une manière certaine à mourir de chagrin avant deux mois. Sois tranquille, la cause qui me fait rester est aussi celle qui me rendra prudent. D'ailleurs, je ne dis pas précisément si c'est ici ou ailleurs que je serai; seulement on peut être sûr que ce n'est ni au poste des douaniers que je compte établir mon domicile, ni dans le cabinet de M. le commissaire des classes de la marine.

— Calme-toi, Onésime. Ta manière de rire me fait peur.

— J'étais tranquille, plein d'espérance, heureux, et voilà qu'on m'envoie à bord de *la Vigilante!* Il paraît que cette frégate ne peut marcher sans moi; je suis curieux de voir comment elle se tirera d'affaire sans mon secours.

— Mais, Onésime, si tu obéissais? Au bout de deux ans, tu serais de retour. Tu es resté plus longtemps que cela sur un navire de pêche à la morue.

— Ah! oui ; mais alors et aujourd'hui, c'est différent. Dans ce temps-là, je ne pouvais plus vivre ici, et je sais bien aujourd'hui que je ne pourrais plus vivre ailleurs. Maintenant, ne parle de rien à personne ; il faut que tout le monde me croie parti et occupé à sauver cette pauvre frégate qui m'attend. Songe bien que la moindre indiscrétion ferait commencer tout de suite une chasse qui probablement n'aura lieu que dans quelques mois. Si, dans une circonstance imprévue, tu me vois devant toi, ne jette aucun cri, ne manifeste aucune émotion. N'oublie pas surtout un clou ou deux clous fichés dans le saule de la rivière de Beuzeval : un clou si c'est à Dive qu'on a besoin de moi, deux si c'est à Beuzeval. Adieu, je vais chez M. le maire faire viser ma feuille de route. Trois sous par lieue jusqu'à Cherbourg ! Mais je ne ruinerai pas le gouvernement : c'est bien assez déjà de lui avoir pris deux seaux d'eau de mer ; je ne veux pas encore lui prendre son argent. Je ne prendrai que jusqu'à la première étape ; avec le reste, il pourra acheter de l'eau de mer à la Méditerranée, et il la reversera dans la Manche pour réparer les avaries que je lui ai faites.

Onésime se rendit en effet chez le maire de Dive.

— Bonjour, M. le maire : bien fâché de

vous déranger ; mais il y a à Cherbourg une pauvre frégate qu'on appelle *la Vigilante*... eh bien ! il paraît que je l'ai mise dans un terrible embarras. N'ai-je pas eu l'idée de prendre deux seaux d'eau à la mer pour faire un bain à un pauvre enfant auquel le médecin l'a ordonné ! et voilà qu'à cause de ces deux seaux d'eau qu'elle a de moins pour elle, la frégate *la Vigilante* ne peut plus marcher. Le roi m'écrit que je lui ferai plaisir d'aller la tirer d'embarras ; il vous prie de me donner la monnaie de son portrait à raison de trois sous par lieue. Voici le papier. Le roi, craignant que je ne m'ennuie sur la route, m'offre la compagnie de quelques-uns de ses gendarmes ; mais je ne veux pas déranger ces messieurs. Je vais demain matin m'en aller tout seul aussitôt qu'il fera jour, et je vais faire ce que je pourrai pour tirer la malheureuse frégate de la pénible situation où je l'ai mise.

Le maire d'abord ne comprenait pas bien de quoi il était question ; mais l'aspect du papier ne tarda pas à l'éclairer, et il apposa dessus toutes les formules nécessaires.

—Mais enfin, mon garçon, est-ce là tout ce que tu as fait ?

— Ah ! M. le maire, je ne me plains pas ; je suis puni, mais je l'ai mérité. Je vous l'ai dit, j'ai pris deux seaux d'eau à la mer pour faire un bain à un pauvre petit enfant malade. Je suis coupable, et il faut un exemple,

2.

4

car enfin, pour deux seaux que j'ai pris, voici la frégate *la Vigilante* qui ne peut plus sortir du port de Cherbourg sans que j'aille lui donner un coup de main : qu'est-ce que ça deviendrait si tout le monde en faisait autant ?

— Quand pars-tu ?

— Demain matin, M. le maire.

Onésime s'en alla chez son cousin le meunier, auquel il dit ce qui lui arrivait.

— A qui parles-tu de ça, mon pauvre Onésime ! Est-ce que je ne suis pas aussi une victime de la douane, grâce à ce brigand de Malais ? Mais patience ! je tiens les Malais à mon tour.

— Ça n'est guère chrétien, cousin.

— Comment donc ? Est-ce qu'il n'y a pas dans l'Écriture que les iniquités des pères seront poursuivies jusqu'à la quatrième génération ?

— Vous m'avez dit, cousin, que vous feriez pour moi ce que je vous demanderais.

— Je te le redis encore. Celui qui est venu me chercher dans le feu au risque d'y rester avec moi n'aura jamais un refus de ma part, si ce n'est pour une seule chose.

— Eh bien ! cousin, je vous demande d'abjurer votre haine contre les Malais. Votre ennemi le douanier est mort depuis bien longtemps, et ceux-ci sont déjà assez malheureux.

— Tu me demandes précisément la seule

chose que j'aie réservée, la seule chose que je veuille te refuser. D'ailleurs c'est un vœu, c'est un serment que j'ai fait solennellement.

— Oh! cousin, vous pouvez, pour un vœu pareil, manquer de parole au bon Dieu; je vous garantis d'avance qu'il vous pardonnera de fausser un pareil serment, et personne n'oserait dire avec la même confiance qu'il vous pardonnerait de le tenir.

— Impossible, Onésime; le vieux Malais m'a encore offensé il y a quelques mois. Et puis, d'ailleurs, qu'est-ce que je veux leur faire? Ne croirait-on pas que je vais attendre le vieux et sa nièce au coin d'un bois avec un fusil à deux coups? Non, je leur ai prêté mon pauvre argent, et je désire qu'ils me le rendent. Voilà tout. Pourquoi ne vas-tu pas les implorer pour moi, au contraire? Pourquoi ne vas-tu pas les prier de me rendre mes treize mille francs? Quel est le malheur qui les menace? Me rendre treize mille francs qu'ils me doivent! Et moi, est-ce que je ne cours pas un plus grand danger, le danger de perdre treize mille francs que je leur ai prêtés? Tu viens demander à l'homme qu'on jette à la mer d'avoir pitié de ceux qui le poussent! Il faut être juste après tout. Écoute-moi bien, Onésime : pour ceci, il ne faut plus m'en parler jamais. Quand tu es venu me chercher au milieu des flammes, quand j'avais les cheveux déjà brûlés, sais-tu à quoi je pensais? Je pensais que j'allais mourir

sans m'être vengé des Malais. Ce ne sont pas
des phrases que je fais, quand je te dis que
tout ce que j'ai est à toi : c'est pour tout de
bon. Vois-tu, dans cette caisse-là est mon
testament; il n'y a que deux legs : une rente
de cent cinquante pistoles pour cette pauvre
Désirée que j'ai ici depuis son enfance, et
tout le reste pour toi. Je ne veux rien te
dire, mais il y a et il y aura plus de cent
cinquante pistoles. Je garde cet argent, parce
que je ne vis que pour faire des affaires, et
que l'argent, c'est un grain. Si l'on n'a pas
de semences, il ne faut pas penser à avoir
jamais une récolte. Cet argent-là, c'est à toi;
mais je suis comme un homme qui fait des
portraits et qui ne voudrait pas te donner
ton portrait avant qu'il fût terminé. J'ai encore à mettre là dedans le château de Beuzeval, et puis tout sera pour toi. Cette idée-là
m'a été bien utile, elle a un peu sanctifié une
sorte d'avidité pour l'argent que je craignais
d'avoir. Qu'as-tu encore à me demander?

— Cela, dit Onésime, c'est une autre affaire; les murailles ici ne sont pas assez
épaisses, et j'aime mieux vous le dire dehors. . . . .

. . . .

Il est des choses d'une atrocité si bouffonne,
que la seule raison qui puisse les faire croire,
c'est qu'on n'oserait pas les inventer. Parmi
ces choses, il faut compter la prohibition de
prendre de l'eau à la mer. Il appartenait aux

idées fiscales de mesurer l'immensité et de faire des économies dessus. Il est parfaitement et sérieusement défendu de puiser de l'eau à la mer. J'ai vu, de mes yeux vu, une jeune fille qui venait de puiser une bouteille d'eau de mer. Un préposé des douanes arriva à elle tout ému, et exigea qu'elle reversât cette eau à la mer. Je demandai au douanier si c'était un caprice de sa part : il me répondit en me montrant la défense écrite. La vraie raison, c'est que quelques pauvres pêcheurs salent leur pauvre soupe avec un peu d'eau de mer, qu'alors ils n'achètent pas de sel, et évitent ainsi l'impôt que paye cette denrée.

Mercier et Montesquieu (de leur temps on n'avait pas encore défendu de prendre de l'eau à la mer) ont dit, sans doute à propos de quelque autre imagination analogue, le premier : « L'esprit fiscal ôte à la nature ses largesses et ses magnificences ; » et le second : « Chacun ayant un nécessaire physique presque égal, on ne doit taxer que l'excédant : taxer le nécessaire, c'est détruire. »

-Aux yeux de bien des gens, proposer d'abolir certains impôts odieux sur les choses de première nécessité pour demander une recette égale à un impôt sur des objets de luxe, c'est tomber dans le paradoxe ; mais, toute vérité ayant commencé d'abord par être un paradoxe et une erreur abominable, c'est déjà un bon pas de fait que d'en être venu là.

Onésime dit adieu à ses parents, comme s'il partait pour Cherbourg. Le lendemain matin, il se mit en route après avoir embrassé tendrement Bérénice et lui avoir dit :

— N'oublie pas... un clou pour Dive, deux clous pour Beuzeval.

V

Pulchérie voyait chaque jour son enfant dépérir. Dans le temps qu'elle pouvait lui dérober, elle travaillait avec Bérénice, la personne qui lui avait donné de l'ouvrage ayant quitté le pays. Elle voulut apprendre à faire de la dentelle ; mais quand elle vit qu'elle ne pourrait pas gagner plus de six à huit sous par jour pendant longtemps et par un travail assidu, elle pria Bérénice de lui amener le marchand qui lui apportait des dessins et lui prenait sa dentelle. Il fallut pour cela beaucoup de mystère. M. Malais aurait été désespéré, s'il avait pu penser que quelqu'un connaissait une situation qui n'était guère ignorée de personne. Un jour qu'il s'était mis en route sur Pyrame, c'est-à-dire sur Mouton orné par lui-même, ce jour-là, d'une marque blanche au front, on introduisit le marchand.

Pulchérie lui montra des ouvrages exécutés par elle, des broderies sur canevas et sur diverses étoffes. Le marchand lui promit de revenir, dans peu de jours, lui apporter des étoffes à broder, et l'assura qu'elle gagnerait ainsi beaucoup plus d'argent qu'à la dentelle.

En effet, quelques jours après, comme M. Malais avait annoncé qu'il allait à Trouville, le marchand apporta une écharpe à broder. L'écharpe était encore étalée sur une chaise avec tout ce qu'il fallait pour exécuter l'ouvrage commandé, lorsque M. Malais, qui avait hâté le pas crainte de la pluie, rentra plus tôt qu'on ne l'attendait, et, reconnaissant le marchand, il changea de couleur :

— Bonjour, maître Crespie, lui dit-il ; vous prenez le moment où les vieux n'y sont pas pour venir tenter les jeunes femmes et allumer leurs désirs en étalant sous leurs yeux tous vos brimborions ! Vous avouerez, maître Crespie, que si quelqu'un pouvait se passer de parure, ce serait ma nièce, madame la comtesse de Morville. Après tout, comme on ne se pare pas pour être plus jolie, mais pour fâcher un peu les autres femmes, ce n'est pas une raison pour qu'elle se prive d'obéir à quelques caprices. Quel est ce chiffon-là ?

— C'est une écharpe que madame a la fantaisie de broder elle-même.

— Broder elle-même ! Eh ! bon Dieu ! maître

Crespie, pourquoi ne la lui apportez-vous pas toute brodée ?

— Toute la valeur de l'écharpe sera dans la broderie, et elle coûterait alors quatre fois plus cher.

— Ce n'est pas une question, maître Crespie, ce n'est pas une question. Mon Dieu ! la pauvre chère comtesse ! depuis la perte cruelle qu'elle a faite de M. le comte de Morville, mon neveu, elle n'a pas trop pensé à la parure, et elle a dû être une bien mauvaise pratique pour vous autres, qui vendez, sous tant de formes et de couleurs différentes, la feuille de figuier, premier costume de notre première mère ; mais patience, M. Crespie, cette maison-ci n'a pas toujours été mauvaise pour vous.

— Non, certes, répondit M. Crespie, et j'ai vendu ici bien de belles étoffes et de riches dentelles du vivant de madame Malais.

— Dieu ait son âme ! dit M. Malais en se découvrant la tête.

Ce geste plein de dignité fut imité par le marchand, qui, ayant la tête nue, s'inclina profondément, et par Pulchérie et Bérénice, qui firent le signe de la croix.

Après un moment de silence, M. Malais reprit :

— Et c'est donc là ce que vous avez de plus beau ?

— C'est du moins ce que madame a trouvé

de plus à son goût, et je vous l'ai dit, la broderie en fera tout le prix.

— Et combien vendez-vous cela, maître Crespie?

— Oh! quand vous m'aurez donné une vingtaine d'écus, vous ne me redevrez pas grand'chose.

— Vous n'êtes pas changé, maître Crespie, et vous surfaites toujours un peu vos marchandises. Certes, si vous veniez m'apporter l'écharpe brodée par les doigts délicats d'une charmante petite comtesse, ce n'est plus par des chiffres que je voudrais compter. Voyons, un peu de conscience, maître Crespie.

— Nous verrons cela plus tard, M. Malais, la maison est bonne, et je ne suis pas pressé.

— Mon oncle, dit Pulchérie, ne vous hâtez pas tant, je ne suis pas encore décidée à cette acquisition.

— Allons donc, comtesse, faut-il tant de méditations pour décider si vous satisferez un caprice d'une quinzaine d'écus? Puisque vous avez fait à cette écharpe l'honneur de la désirer un moment, elle ne peut plus appartenir à une autre. Voici quinze écus, maître Crespie, et vous n'aurez pas un sou de plus.

Crespie, Pulchérie et Bérénice restèrent stupéfaits. Crespie hésita un moment, puis il dit :

— Il faut bien en passer par où vous voudrez, M. Malais; mais pour ce qui est de prendre votre argent aujourd'hui, c'est une autre affaire, et je vous prierai de me le garder jusqu'à ma prochaine tournée dans six semaines ; j'aurai alors plusieurs payements à faire à Dive et à Beuzeval, et je ne serai pas fâché de retrouver des fonds tout portés.

— Ce sera comme vous voudrez, maître Crespie. Est-ce tout ce que vous avez trouvé à votre goût, ma chère Pulchérie?

— Oui, mon cher oncle, dit Pulchérie, qui avait les larmes aux yeux.

Maître Crespie se retira. Quand Bérénice fut partie à son tour, M. Malais dit à Pulchérie:

— Je sais très-bon gré au hasard qui fait que ce marchand n'a pas voulu d'argent. Ces quinze écus sont tout ce que nous avons pour le moment, ma pauvre enfant, et j'aurais été bien embarrassé ; mais je l'aurais payé... Je n'ai pas envie de montrer mon abaissement à ces rustres. Je serais bien heureux, ma chère Pulchérie, de pouvoir satisfaire tous les caprices légitimes d'une femme de votre âge et de votre rang. Si j'étais... comme autrefois, je ne demanderais qu'à vous voir former des désirs pour les satisfaire. Malheureusement les choses sont changées, au moins pour le moment, et il faut que je sois grognon et ennuyeux, il faut que je vous prêche l'économie ; votre beauté sera votre seule parure d'ici à longtemps, et il faudra résister aux séductions de maître Crespie. Ce langage me coûte bien à tenir, mais...

— Mais, dit Pulchérie en pleurant et en lui baisant la main malgré lui, n'est-ce pas votre générosité pour moi qui vous a enlevé votre fortune, mon excellent oncle? Eh quoi! au lieu de me reprocher votre ruine, vous venez presque vous en excuser auprès de moi! Je suis raisonnable, mon oncle, et je suis pleine de respect et de tendresse pour votre bonté. Ne craignez pas pour moi les embûches de M. Crespie; je ne pense guère à la parure, et...

Elle allait dire la vérité à M. Malais, quand elle songea au chagrin et à l'humiliation que cette vérité lui causerait : voir sa nièce, la comtesse de Morville, *travailler pour le monde!* et ce secret confié à un marchand qui irait le colporter et le livrer à l'avide jalousie de ses pratiques! Elle changea la phrase qu'elle allait prononcer, et dit :

— C'est plutôt une occupation qu'une parure que j'ai cherchée en achetant cette étoffe.

— Au nom du ciel, ne t'excuse pas, ma chère enfant! s'écria M. Malais. Merci mille fois de me faire croire que tu n'éprouves pas de privations dans une maison où on est un peu gêné pour le moment, il ne faut pas se le dissimuler.

Quand l'écharpe fut brodée et livrée à M. Crespie, M. Malais n'y songea plus, si ce n'est qu'un jour il dit à Pulchérie :

— Pourquoi est-ce que tu ne mets pas ton écharpe neuve, Pulchérie?

— Mais, mon oncle, dit-elle en rougissant, je suis fatiguée de la mettre. Vous n'avez donc pas remarqué que je ne mets pas autre chose depuis quelque temps?

Un jour, Epiphane sonna au château. L'homme en livrée ouvrit l'espèce de meurtrière par laquelle il donnait d'ordinaire ses audiences.

— M. Malais? demanda Épiphane.

— Sorti.

— Voici un petit papier pour lui.

Et maître Épiphane, tirant de sa poche un encrier et une plume, griffonna sur son genou, pour remplir une lacune de son grimoire : « Parlant à la personne d'un domestique à son service ainsi déclaré. »

La vue de ce papier refroidit le sang du pauvre Malais, qui vit que c'était une sommation, en forme de protèt, d'avoir à payer entre les mains de maître Rivet, fermier, ou entre celles de maître Épiphane Garandin sous-signé, la somme de trois mille francs, en vertu d'une lettre de change souscrite à l'ordre de M. Éloi Alain, meunier, demeurant à Beuzeval, que M. Malais n'avait pas payée la veille. Le propriétaire de Beuzeval ne dit rien, mais il fut soucieux et parla à peine le reste du jour. Quelques jours après, maître Épiphane apporta au même domestique ainsi déclaré une assignation pour s'entendre condamner à payer. Quelques jours encore après, le même domestique reçut de la main du

même Épiphane une copie du jugement qui
condamnait M. Malais à payer ladite somme
entre lesdites mains, *faute de quoi il y serait
contraint par toutes les voies de droit et même
par corps;* mais quand Épiphane, un peu plus
tard, apporta une sommation d'avoir à payer,
dedans vingt-quatre heures, ès mains du re-
quérant, M. Malais était allé mener paître
Pyrame. Ce fut Pulchérie qui reçut le papier,
et y fut désignée comme *la personne de sa bru
ainsi déclarée.* Elle lut avec beaucoup de peine
le papier d'un bout à l'autre; elle en fut très-
effrayée. Les procureurs généraux, les procureurs du roi, agents de la force publique,
étaient invités à *prêter main-forte* à l'exécution des présentes; le crime de n'avoir pas
d'argent est peut-être celui contre lequel on
fait le plus grand déploiement de forces.
Pulchérie alla trouver Bérénice.

— Hélas! dit celle-ci, nous n'avons eu aucune nouvelle d'Onésime depuis son départ,
et d'ailleurs je ne vois pas trop à quoi il pourrait nous servir. S'il ne fallait que se jeter pour
vous dans l'eau ou dans le feu, ce serait notre homme; mais c'est de l'argent qu'il faut.

— Que faire? que devenir? dit Pulchérie.
Certes, je sais bien que mon pauvre oncle ne
pourra garder son château, et qu'il vaudrait
mieux pour lui cent fois qu'il le vendît; mais
il ne survivra pas au chagrin de le voir vendre
par autorité de justice.

— Onésime m'a donné l'ordre en partant

de mettre quelque part un signe, si vous ou moi nous avions besoin de lui ; mais qui sait où il est aujourd'hui ? Et d'ailleurs que pourrait-il faire ?

— Qui sait! peut-être nous donner un bon conseil, dit Pulchérie, ou nous aider à emmener d'ici M. Malais, pour lui dérober l'événement que je n'espère pas empêcher.

— Eh bien! venez avec moi, Pulchérie, nous allons mettre le signal convenu, quoique je n'espère guère qu'il puisse en avoir connaissance.

Toutes deux se mirent en route en portant alternativement l'enfant de Pulchérie ; en route, celle-ci dit à Bérénice :

— Pourquoi est-ce que tu ne me tutoies plus ?

— Je ne sais, reprit-elle, ça m'est venu comme ça de ne plus vous tutoyer, sans que j'y aie fait bien de l'attention. Vous étiez une demoiselle savante, riche, puis une grande dame.

— Et aujourd'hui que je ne suis plus rien de tout cela, aujourd'hui que je suis redevenue une ouvrière comme toi...

— Eh bien!... c'est égal,... il me semble toujours, comme je le disais à ce pauvre Onésime, que vous n'êtes pas de la même espèce que nous, si vous étiez à peu près de la même couvée. Il y a des poules qui couvent des œufs de poussin et des œufs de canard ; quand ils sont tous éclos, les canards vont trouver l'étang et se jettent à la nage, tandis que les petits poulets continuent à gratter la poussière de la cour.

—Quelle folie! Et qu'en disait Onésime?

—Il en était fort triste; il vous aimait tant!

Il y eut un moment de silence. Après quoi Pulchérie reprit :

— C'est égal, je veux que tu me tutoies ; je t'aime comme autrefois, et d'ailleurs cela me rappelle un temps que je regrette, malgré l'éclat passager qui est tombé sur ma vie. Ce n'est rien d'être pauvre, c'est d'être ruiné qui est pénible. Avec vous je n'avais ni fortune, ni mari, ni enfant ; aujourd'hui j'ai perdu ma fortune et mon mari, et je vais bientôt peut-être perdre ce pauvre petit. Je ne suis montée un moment que pour rendre ma chute plus douloureuse. Aime-moi, ma pauvre Bérénice ; laisse-moi revenir par la pensée au temps de notre enfance. Que me reste-t-il au monde? Un vieillard devenu pauvre pour moi, presque par moi, et qui souffre horriblement de la pauvreté, un pauvre petit enfant qui est en train de mourir, et toi.

— Et ne suis-je donc rien? demanda Onésime.

Pulchérie et Bérénice jetèrent un cri d'effroi et ne répondirent pas ; elles tremblaient et avaient peine à se soutenir.

— Pardon! dit Onésime, je ne croyais pas vous effrayer ainsi. Je pensais, venant ici, où je suis convenu avec Bérénice de placer nos signaux, que vous n'étiez pas si éloignées de songer à moi. Depuis mon départ, je me rends ici tous les soirs pour voir si l'une ou l'autre vous n'avez pas besoin de moi.

— Mais tu n'es donc pas allé à Cherbourg?

— Nous causerons de cela plus tard; seulement ayez soin, dans le pays, de ne pas plus parler de moi que si j'étais mort depuis cent ans, cela pourrait nuire à moi et à ceux qui m'auraient fréquenté.

— Ne cours-tu aucun danger?

— C'est encore là quelque chose dont nous causerons dans un autre moment. Veniez-vous pour placer un signal? Laquelle de vous deux a besoin de moi? Tout ce qu'un homme peut faire avec son corps et avec son cœur, je suis prêt à le faire pour vous, et si, par hasard, ce que vous souhaitez vous semblait dépasser un peu ce que vous croyez dans la force et dans la puissance d'un homme, dites-le-moi tout de même, m'est avis que ça pourra peut-être se faire aussi bien; j'ai des raisons pour penser ainsi.

— Mon bon Onésime! dit Pulchérie, nous allons plutôt causer avec vous de nos chagrins et de notre vieille amitié, que vous demander votre appui aujourd'hui; personne ne connaît mieux que moi votre courage et votre dévouement, mais ici le courage et le dévouement ne peuvent rien : il s'agit d'une somme que M. Malais ne peut pas payer, et pour laquelle on va vendre le château de Beuzeval ; vous savez quel coup ce sera pour lui.

— Qui est-ce qui réclame l'argent? est-ce le meunier ?

— Non, c'est le fermier Rivet ; mais c'est un billet souscrit par mon oncle au meunier.

— Oui, je comprends : le cousin Éloi ne veut pas paraître, mais c'est toujours lui. Il faudra bien, après tant de promesses que je ne lui demandais pas, que le cousin Éloi fasse quelque chose a ma prière... Quel délai M. Malais désirerait-il?... Six mois?

— O mon Dieu ! il ne pourra pas plus payer dans six mois qu'aujourd'hui : les fausses spéculations d'un homme dont je ne veux pas parler l'ont complétement ruiné, il faudra que le château de Beuzeval soit vendu ; mais, si j'avais du temps, je l'amènerais tout doucement à la résolution de le vendre volontairement et de se retirer ailleurs avec moi.

— Ailleurs?... dit Onésime.

— Ailleurs veut dire dans toute autre maison de Beuzeval, ou de Dive, ou de Cabourg. Je ne voudrais pour rien au monde m'éloigner de cette chère Bérénice... et des autres amis de mon enfance, les seuls qui me soient restés... et les seuls que je regretterais. Si vous avez quelque influence sur le meunier, Onésime, obtenez de lui qu'il fasse discontinuer les poursuites et qu'il laisse dans trois mois faire une vente *volontaire* du château.

— Mademoiselle, dit Onésime, je vous promets qu'il sera fait comme vous le voulez.

— Vous me le promettez, Onésime; et quels moyens emploierez-vous?

— Je voudrais bien le savoir; mais ce que je sais, c'est que les choses se passeront comme vous le voulez. Je vous quitte, adieu. Surtout ne parlez de moi à personne, et n'oubliez pas que je viens ici tous les soirs, à la même heure à peu près, voir si je ne découvre pas sur cet arbre quelque signe qui me dise que vous avez besoin de moi.

Il embrassa Bérénice, serra une main que lui tendait Pulchérie, sauta par-dessus un échalier et disparut derrière les haies.

— Mon Dieu! dit Bérénice, je suis bien inquiète de voir mon frère ici, quand il avait reçu une feuille de route pour Cherbourg. Est-ce que ce n'est pas cela qu'on appelle déserter? Si c'est cela, les gendarmes viendront le chercher un de ces jours... Reconnaissez-vous... reconnais-tu cet arbre, Pulchérie, ce saule auquel il m'a dit de mettre des signaux... peu de temps avant ton départ pour Paris? Nous étions encore des enfants tous les trois, nous nous sommes promis de nous aimer toujours, et nous avons gravé nos noms sur son écorce avec le couteau d'Onésime. Depuis, on a enlevé les noms; mais, comme il a fallu pour cela enlever l'écorce, la marque reste et restera toujours.

Pulchérie avoua que c'était elle qui avait enlevé les noms.

— Onésime aime toujours cet arbre, dit Bérénice, et il y est revenu bien souvent.

VI

Onésime n'avait pas mis les pieds à Cherbourg; il avait demandé asile au meunier, chez lequel il ne venait que la nuit et encore quand le temps était trop mauvais pour rester dans une hutte qu'il s'était construite ou plutôt creusée dans les bois, et où il avait quelques petites provisions. S'il ne voyait ni son père, ni sa mère, ni Bérénice, c'est qu'il savait bien que c'était chez eux que la gendarmerie ferait ses premières recherches, et qu'il voulait laisser à leurs dénégations toute leur sincérité. Il commençait à s'inquiéter de ne voir aucun signe sur le saule, et, s'il n'avait pas rencontré Bérénice et Pulchérie, il se proposait d'aller pendant la nuit appeler sa sœur et lui demander des renseignements. Pour ne pas compromettre non plus le meunier quand arriverait le moment des recherches, il l'avait averti seulement qu'il viendrait quelquefois coucher dans un grenier dont la fenêtre resterait ouverte par mégarde.

Éloi se chargeait lui-même de déposer dans cette cachette du pain, des fromages de Pont-l'Évêque et du cidre. Onésime était quelquefois quatre ou cinq jours sans y paraître ; il donnait dans certaines nuits un coup de main à des pêcheurs qui faisaient la contrebande pour le meunier. C'était par l'un d'eux qu'il envoyait vendre pour quelques sous au château de Beuzeval les plus beaux poissons et les meilleurs coquillages ; ce qui faisait dire à M. Malais :

— C'est étonnant comme le poisson est à bon marché cette année !

La nuit qui suivit sa rencontre avec Bérénice et Pulchérie, au lieu de s'introduire clandestinement dans la maison, il fit entendre un signal convenu pour appeler le meunier ; mais celui-ci était en voyage et ne revint que le lendemain. Onésime attendit le soir et appela de nouveau Éloi, qui cette fois répondit à son signal. Il passa le reste de la nuit à le prier de faire pour M. Malais ce que demandait Pulchérie ; prières, supplications, menaces, tout fut inutile. Le meunier avait une grande affection pour Onésime ; mais la haine qu'il avait depuis longtemps conçue pour cette famille, augmentée par les dédains de M. Malais lui-même, était pour lui arrivée à toute l'âpreté de la passion. Il voulait à son tour humilier le châtelain de Beuzeval.

— Onésime, disait-il, je te donnerais plutôt de l'argent !

Onésime apprit alors quel avait été l'emploi de cette journée d'attente qu'il avait passée dans le grenier d'Éloi. Épiphane était allé remplir au château certaines formalités de son ministère, et, le lendemain matin, il devait aller apposer les affiches annonçant que le château de Beuzeval serait à tel jour vendu par autorité de justice, à la requête du fermier Rivet. Désespéré de n'avoir rien pu obtenir du meunier, Onésime, au risque d'être reconnu et arrêté, alla chez Épiphane. Il était absent. Pressée de question, madame Garandin lui avoua qu'il était allé à Trouville chercher deux affiches, qu'il devait, le soir même, coller sur les pilastres de la grande porte du domaine de Beuzeval. Onésime attendit quelque temps; mais, comme madame Garandin le voyait agité, lorsque Épiphane revint, elle courut à la porte pour avertir l'huissier qu'Onésime était dans la maison. Elle rentra et dit à Onésime :

— Il vient de venir un homme de la part de M. Garandin pour me dire de ne pas l'attendre à dîner ; il ne viendra pas.

Alors Onésime partit, et Épiphane, qui avait attendu son départ, caché derrière la maison, put dîner tranquillement sans être dérangé. Quand le jour commença à diminuer, il envoya chercher un enfant d'une douzaine d'années qu'il appelait son clerc, auquel il donna à porter un pot plein de colle avec un gros pinceau ; lui-même avait les deux

affiches dans sa poche. Déjà il était près de
Beuzeval, lorsque, à un endroit où trois chemins se joignaient à un carrefour, il vit un
homme assis sur un tronc d'arbre abattu se
lever en brandissant un bâton. Cet homme
s'avança vers lui et lui dit :

— Bonsoir, maître Épiphane.

— Bonsoir, Onésime, répondit l'huissier.
Ne m'arrête pas, mon garçon, car je suis bien
pressé.

— Alors je vais faire un bout de chemin
avec vous.

— Je ne vais peut-être pas de ton côté.

— Oh ! si, car moi, je vais du vôtre. J'ai à
vous parler.

— Écoute... Onésime,... j'ai des raisons
pour faire ma route seul. Je vais à Trouville.

— On m'avait dit que vous y étiez allé ce
matin.

— On le croyait; mais je n'ai pas pu y
aller, et il faut que j'y aille ce soir.

— Bonsoir alors, et Dieu vous garde de
mauvaises rencontres !

— J'en ai déjà fait une, puisque tu m'as
fait perdre dix minutes, et je suis en retard...
Bonsoir.

Épiphane, après avoir fait un petit détour,
ne tarda pas à se remettre sur la route du
château de Beuzeval en riant de la façon dont
il s'était débarrassé d'Onésime. Il s'arrêta et
coupa avec son couteau une branche de frêne.

— Allons, garçon, dit-il à l'enfant qui l'accompagnait, doublons le pas. J'ai depuis quelque temps jeté les yeux sur toi pour te faire mon premier clerc, et voici la première opération périlleuse dans laquelle tu m'accompagnes ; encore avons-nous évité le plus grand danger en écartant ce nigaud d'Onésime, qui a je ne sais quel culte pour cette famille Malais. Ah ! si tu avais été avec moi le jour où j'allai vendre les chevaux de ce paysan grossier qui me poursuivit à coups de fourche jusqu'à quelques pas de chez moi, ou bien encore quand les fermiers du côté d'Hennequeville me jetèrent dans l'eau au mois de novembre !... C'est là qu'il faisait chaud ! ou plutôt, c'est là qu'il faisait froid ! Mais aujourd'hui, ça se passera pacifiquement. Après cela, il est inutile de rester bien longtemps. Marchons un peu , garçon, marchons un peu. Ah ! voici le château. N'avançons pas davantage. Voici une grosse pierre qui sera à merveille pour mettre la colle derrière notre affiche ; nous la porterons tout enduite aux pilastres de la porte.

— Vous vous trompez de route, maître Épiphane, dit Onésime, qui, soupçonnant la fourberie de l'ancien maître d'école, était venu croiser devant le château ; vous vous trompez de route, et ce n'est pas ici le chemin de Trouville.

— J'irai un peu plus tard, mon bon ami. J'avais oublié que j'avais quelque chose à faire par ici, une assez triste corvée, et je me suis ravisé. Aussi bien, me suis-je dit, voici qu'il fait nuit, et cela fera moins de peine aux habitants de Beuzeval.

— Ne me faites plus de mensonges, Épiphane, et écoutez ce que j'ai à vous dire. Le meunier...

— Éloi Alain n'est pour rien...

— Ne me faites plus de mensonges, je vous le répète, Épiphane; je sais parfaitement les choses dont je vous parle. Le meunier a deux raisons de faire ainsi la guerre à M. Malais: la seconde est de rattraper son argent, plus d'avoir les intérêts de la somme qu'il a prêtée, et Dieu sait quels intérêts! Nous ne lui avons jamais emprunté que cent écus à la maison, et quand nous lui avons eu payé deux cents francs, nous lui devions encore un peu plus de cent écus. C'est sa manière à cet homme; il paraît que c'est bien, puisque tout le monde l'en respecte davantage et l'en salue plus bas. Si c'est là la seconde raison, il faut que la première soit bien forte. La première est de se venger d'une affaire qu'il a eue autrefois avec un Malais, un oncle, un cousin, un parent enfin des Malais actuels, et ceci n'est pas tout à fait juste. D'ailleurs, c'est frapper un ennemi à terre. Les Malais sont aussi malheureux aujourd'hui qu'un ennemi peut le désirer. Il prétend aussi que M. Malais a été fier avec lui; mais le meunier, qui est fier avec ceux qui sont au-dessous de lui, veut être l'égal de ceux qui sont au-dessus : c'est sa manie. Cette première raison ne regarde ni vous ni moi, et nous n'avons pas à l'aider à faire une mauvaise action pour assouvir une haine injuste. Quant à ce qui est de rentrer dans l'argent qu'il a avancé et dans les intérêts qui ont été convenus, c'est autre chose : c'est votre métier de lui prêter assistance, et je ne le trouve pas mauvais ; mais voici que M. Malais veut bien vendre sa propriété, seulement il demande à ne pas subir l'humiliation de la voir vendre par autorité de justice. Il la vendra dans trois mois, et le meunier aura l'argent. N'affichez pas aujourd'hui ; demain nous causerons, vous et moi, avec Éloi Alain, et s'il l'exige, on affichera la vente, mais en mettant sur le papier que c'est une vente volontaire.

— Désolé, mon cher Onésime, de ne pas pouvoir vous être agréable ; mais le devoir avant tout.

— Quoi ! vous ne voulez pas attendre à demain pour coller vos affiches ?

— Elles sont toutes collées ; d'ailleurs, le meunier ne me paye qu'après que les choses sont faites, et... il faut penser à soi. J'ai bien plus d'ouvrage dans une vente par autorité de justice que dans une vente volontaire. Que diriez-vous, Onésime, vous qu'on a surnommé l'ennemi du poisson, si je venais vous prier de décrocher un turbot ou un saumon de votre ligne ?

— J'en ai quelquefois décroché pour vous les donner, maître Épiphane.

— Allons, allons, c'est de l'enfantillage. Vous vous tracassez ainsi parce que vous êtes amoureux de la nièce de Malais, à laquelle vous m'avez fait écrire de si belles lettres... Soyez donc bien sûr, mon pauvre Onésime, qu'elle se moque de vous aujourd'hui comme elle s'en est moquée dans le temps. C'est une mijaurée.

— Taisez-vous, misérable drôle! dit Onésime pâle de colère. C'est bien assez qu'au moyen de votre infâme métier vous aidiez à dépouiller les malheureux; ne vous avisez pas de les insulter.

— Mon métier n'est pas plus infâme que le métier de déserteur et de contrebandier. Contrebandier veut dire voleur, et déserteur veut dire lâche.

— Au moins je ne vole que les riches, si c'est voler que de passer quelques balles de tabac en fraude! Et si j'ai déserté, ce n'est pas par lâcheté; c'est parce que j'aurais laissé ici des gens qui ont besoin de moi et qui sont exposés aux attaques des bêtes féroces, des vrais lâches, des vrais voleurs, de ceux qui s'attaquent aux faibles pour les dépouiller!

— Le meunier est votre cousin.

— Assez, maître Épiphane. Puisque vous n'avez pas voulu faire de bonne amitié ce que je vous demandais et attendre jusqu'à demain pour coller vos affiches, nous allons nous y prendre autrement. J'ai promis que vous n'afficheriez pas aujourd'hui, et je vous donne aussi ma parole que vous n'afficherez pas. Une dernière fois , je désire que tout se passe bien entre nous. Je vous prie encore de ne pas afficher, non pas pour l'obtenir, car je sais bien que cela sera comme je l'ai dit, mais pour que je n'aie pas besoin d'en venir à des moyens que je voudrais vous épargner.

— Je crois que ce blanc-bec me menace ! s'écria l'ancien clerc. L'ami, ajouta-t-il en montrant le bâton de frêne de quatre pieds et demi dont il avait, chemin faisant, raboté les nœuds, ceci a toujours et partout fait respecter Épiphane Garandin. Ceci est Jeannette, ma fidèle amie, et elle a mis à la raison d'autres gas que des contrebandiers et des déserteurs, gens qui ne sont habiles qu'à se cacher et à s'enfuir. Holà ! de la place, et au plus vite ; Jeannette n'aime pas qu'on la fasse attendre.

Ce disant, Épiphane prit son bâton à deux mains et le fit siffler autour de sa tête.

—Maître Épiphane, dit Onésime, je serais fâché d'appliquer sur vous les bonnes leçons que vous m'avez données ; mais j'ai un bâton aussi, et.... de bonne grâce, remettez votre opération à demain.

— Holà ! mon premier clerc, barbouille les affiches de colle, mon garçon.

— Ah ! c'est ainsi...

— Oui. Maintenant, dit Épiphane se plaçant entre la porte du château et Onésime, va-t'en coller tes deux affiches, et n'aie pas peur. Jeannette et moi nous ne laisserons personne dépasser cette raie-là.

Et il traça une raie entre lui et le pêcheur, puis il se plaça en garde, tenant le bâton des deux mains, sur le côté gauche.

— Il est malheureux, ajouta-t-il, que ta princesse ne soit pas spectatrice de ce tournoi, elle verrait son chevalier bâtonné d'importance.

Onésime, furieux, attaqua l'huissier en lui assenant un coup de bâton sur la tête ; mais celui-ci, levant à temps son arme, para le coup, recula d'un pas et se replaça en garde.

— On ne commence jamais par un coup de tête, mon cher élève, dit-il en ricanant.

Onésime ne répondit pas, et le combat s'engagea ; mais Épiphane, beaucoup plus habile, l'irritait par ses sarcasmes et feignait de lui donner une leçon, proclamant les coups et les parades, et se contentant de riposter par des coups cinglés sur les bras et sur les jambes. Néanmoins Onésime se défendait assez bien, tout en maugréant de ne pouvoir atteindre son adversaire.

— Ceci n'est pas mal, dit Épiphane en annonçant les coups furieux d'Onésime, comme s'il se fût agi d'un assaut simulé. Feinte de coup de flanc, coup de figure ; paré, riposté sur les bras, paré ; très-bien ; deux enlevés, coup de tête, paré... Vous portez toujours à la tête, c'est trop facile à parer ; il faut varier ses coups. Oh ! mieux ! j'ai bien fait de parer celui-ci, il m'aurait fendu en deux. A vous, sur la cuisse, six à une ; à vous, sur le bras, sept à une. Oh ! un coup de bout, paré ; à vous, sur les doigts... Oh ! paré ; oh ! le coup de figure a porté, c'est pour moi, deux à sept.

En effet, le bâton d'Épiphane n'avait pas rencontré assez tôt celui d'Onésime, et il avait reçu la moitié du coup sur l'oreille droite, qui saignait abondamment. Éphiphane assura son bâton dans sa main, s'aperçut que la chose était plus sérieuse qu'il ne l'avait cru d'abord, et, au lieu des coups à moitié retenus qu'il s'était contenté de porter en forme de riposte, il ne négligea plus rien pour mettre son ennemi hors de combat. Des deux parts, les bâtons tournoyaient en sifflant autour de la tête et du corps des combattants ; mais un bâton rencontrait presque toujours l'autre, qui couvrait son maître comme un bouclier. Quelques coups cependant portèrent, mais inégalement ; Épiphane en reçut un et en rendit quatre. Le maître d'école voulut continuer encore quelque temps ses sarcasmes :

— Recevez ceci en l'honneur des dames, disait-il ; feinte de coup de figure, rompez d'un pas ; feinte de coup de figure à droite et à gauche, coup de tête ; parez ; oh ! vous n'avez pas paré ; je vous l'avais cependant conseillé. Ah ! diable ! celui-ci est pour moi.

Quelques coups qu'il ne réussit pas à parer

firent qu'il cessa de plaisanter. Onésime fit
voltiger son bâton sur Épiphane, aux bras,
aux jambes, à la tête ; partout il rencontrait
le bâton d'Épiphane, qui arrêtait le sien et le
mettait à son tour en danger. Il s'aperçut
qu'un de ses bras avait été atteint si rude-
ment qu'il s'enflait au point de perdre de la
souplesse, et qu'Épiphane avait décidément
l'avantage sur lui par son habileté à parer.
Le clerc de l'huissier avait collé les affiches.
Onésime vit qu'il ne devait plus prendre conseil que de son désespoir : aussi, au premier
coup qu'Épiphane lui adressa à la tête, il ne
le para pas et le reçut volontairement ; mais
en même temps, faisant passer rapidement
sa main droite à l'autre extrémité de son
bâton renversé, et présentant à son adversaire le gros bout qu'il tenait toujours de la
main gauche, il le lâcha subitement, et le
bâton arriva droit, lancé comme un javelot,
dans la poitrine d'Épiphane, qui tomba par
terre. Onésime tourna deux ou trois fois sur
lui-même, puis s'affaissa et tomba sans mouvement. Le coup qu'il n'avait pas paré lui
avait fendu la tête.

Tous deux restèrent ainsi quelques instants. Épiphane se ranima le premier, et,
aidé de l'enfant qu'il avait amené avec lui, il
se releva, alla remuer du pied Onésime, qui
ne fit aucun mouvement, et, appuyé sur l'enfant, s'en retourna chez lui pour se faire
panser. Ce ne fut que quelques heures plus

tard, au milieu de la nuit, qu'Onésime reprit connaissance. Il se traîna aux affiches, les chercha et les arracha ; puis, gagnant la rivière, il lava la blessure de sa tête et resta assis au pied du saule où la veille il avait rencontré Bérénice et Pulchérie. Que faire ? Retourner auprès du meunier, lui adresser de nouvelles prières, de nouvelles menaces ? Il se mit en route quand il fut un peu reposé, et avant le jour alla s'introduire dans la maison d'Éloi Alain. Éloi était parti ; il ne devait revenir que le jour suivant. Onésime se le rappela seulement alors.

— Il prétend qu'il m'a fait son héritier, se dit Onésime, je donnerais bien tout l'héritage pour la somme que lui doit M. Malais. J'aurais dû lui demander de l'argent sous un autre prétexte, oui... mais maintenant il ne sera pas dupe de mon stratagème. Je n'ose pas y penser,... je désirerais sa mort : ce serait à moi alors que M. Malais devrait de l'argent, et... Mais qu'en fait-il de son argent, le cousin Éloi, lui qui vit avec du pain, du petit cidre et du fromage, en attendant qu'il le place à gros intérêts ? Je me rappelle avoir entendu dire à ce gueux d'Épiphane, quand j'étais enfant, qu'il savait bien où Éloi Alain cachait son argent ; qu'il était entré un jour sans avertir, qu'il avait vu le meunier refermer précipitamment une armoire sous son lit, et qu'Éloi s'était mis si fort en colère... Si je trouvais la cachette et si je l'ouvrais... Au fait, puisque cet argent doit me revenir un jour,... et puis, d'ailleurs, il lui reviendra à lui-même une heure après, puisqu'il servira à le payer : c'est comme si on tirait du cidre à un tonneau par la cannelle et qu'on le remît par la bonde. Il y a d'autres billets après celui-là ; mais on donnera le temps à M. Malais de quitter le château et de le mettre en vente : c'est ce que veut Pulchérie, et ce que veut Pulchérie, il faut que cela se fasse.

Onésime se mit à fouiller la chambre du meunier ; il ne tarda pas à trouver la trappe, assez habilement dissimulée pour que quelqu'un qui n'en eût pas connu la place ne la découvrît pas. Onésime frissonna en l'ouvrant. Il se répéta encore que le meunier avait volé M. Malais en faisant des affaires avec lui ; que cet argent qu'il prenait était à lui, Onésime, puisque le meunier ne s'en servirait jamais et le lui avait donné par testament, et enfin qu'il allait revenir dans les mains d'Éloi Alain, en échange du billet de M. Malais. Il prit en or et en argent la somme que lui avait indiquée Pulchérie. Tout à coup il entendit un faible bruit dans la chambre voisine, et appliqua son œil au trou de la serrure. Que vit-il ? Un autre œil appliqué au même trou, de l'autre côté de la porte. Onésime, effrayé, éperdu, prit la fuite en sautant par une fenêtre, et alla enterrer la somme dont il s'était emparé au pied du vieux saule. Le jour commençait à poindre; il partit à travers la campagne et gagna Trouville, où il écrivit par la poste à sa sœur Bérénice :

« Va avec Pulchérie, le soir, auprès de notre saule; fouillez au pied, du côté opposé à celui où étaient nos noms : vous y trouverez la somme nécessaire pour payer le billet de M. Malais. Que Pulchérie décide son oncle à quitter le château et à le mettre tout de suite en vente. Il faut que je me cache plus soigneusement pendant quelques jours, et je ne puis en ce moment vous être bon à rien. Je ne te dis pas où tu peux m'écrire, parce que je ne le sais pas moi-même. Le hasard seul et le soin de ma sûreté seront mes guides. Adieu, j'ai tenu ma promesse à Pulchérie malgré tout; pensez à moi toutes deux et aimez-moi.

« ONÉSIME ALAIN. »

VII

Onésime ne savait que devenir; il pensa que c'était dans une ville populeuse et agitée qu'il courrait le moins de risques d'être remarqué, reconnu et arrêté. Il monta sur un bateau pêcheur qui allait de Trouville au Havre.

— Que ferai-je au Havre? se demandait-il. Dois-je aller à Cherbourg et demander à faire mon service? Dois-je m'embarquer sur quelque navire pour la pêche de la morue ou de la baleine? Mais Pulchérie?

Arrivé au Havre, il alla avec les ouvriers sans ouvrage au *pont*, où vont les chercher ceux qui en ont besoin. Il fut employé avec quelques autres à des travaux de terrassement; mais cela ne pouvait toujours durer ainsi : d'abord, il *s'ennuyait de la mer* et ne s'accoutumait pas à un autre travail; ensuite cette position l'éloignait de ses parents et de Pulchérie autant que s'il eût été au service. Il écrivit à Bérénice pour avoir de leurs nouvelles, disant que, s'il pensait les laisser tranquilles et en sûreté, il irait se faire juger à Cherbourg, où il comptait bien qu'on aurait de l'indulgence pour lui en considération de sa démarche volontaire.

En attendant la réponse de Bérénice, il passait le temps que son travail lui laissait sur la jetée du Havre, regardant la mer, causant avec les marins de ce qui intéresse les marins, du temps qu'il fait et de celui qu'il fera, des manœuvres bonnes ou mauvaises que font les navires à l'entrée et à la sortie du port, des nouvelles de la mer et de la pêche, comment tel navire a rencontré tel autre qui revient des bancs de Terre-Neuve avec *trente-six mille de morues*, comment on est inquiet de tel ou tel baleinier, etc. Un jour, le vent soufflait avec violence du sud-ouest depuis le matin ; les signaux de la Hève avaient annoncé plusieurs navires ; les barques des pilotes étaient sorties avec peine des jetées pour aller au-devant d'eux ; la mer était devenue très-grosse. Cependant tous les bâtiments en vue étaient entrés sans accidents ; ceux des pilotes qui n'avaient pas *rentré* de navires s'étaient réfugiés dans divers petits ports. La mer, quand elle baissa, eut l'air de se calmer un peu ; mais, à la marée montante, le vent se déchaîna avec une nouvelle violence, et une terrible tempête se déclara. Les lames, quoique la mer ne fût pas encore revenue à sa hauteur, passaient en écumant par-dessus les jetées, et lançaient des pierres et des galets avec violence. Les promeneurs ordinaires s'étaient retirés ; quelques marins seulement, se mettant à l'abri derrière la tour du phare, interrogeaient l'horizon.

—Voici un furieux coup de vent, disait l'un.

— Je n'en ai pas vu de pareil, disait un autre, depuis le jour où périt *corps et biens*, en face de Courseulles, *l'Aimable Marie*, qui revenait chargée d'acajou.

— Heureusement que tous les navires en vue sont rentrés ; il ne fait pas bon proche de la terre, et il y fera encore pis dans une heure et demie.

— Mais est-ce que je ne vois pas une voile là-bas à l'ouest?

— Non, c'est l'écume.

— Je te dis que c'est une voile, et de plus je te dis que c'est un brick, autant que permet de l'affirmer le jour qui commence à baisser.

— C'est vrai, c'est un brick-goëlette ; mais il a trop de toile pour le temps qu'il fait.

— C'est qu'il veut essayer l'entrée.

— Entrer au Havre par ce temps-ci... et sans pilote ! j'espère pour lui qu'il n'est pas si fou, et qu'il va reprendre le large.

— Pas le moins du monde, il vient ici *en droiture*.

— Eh bien ! si jamais je deviens *négociant*, voilà un capitaine auquel je ne donnerai pas souvent mes navires à commander.

— Est-ce bientôt que tu espères devenir négociant?

— Ne plaisantons pas, les hommes qui montent ce navire sont peut-être bien près d'aller chercher leur *décompte* là-haut.

— Ah ! le voilà qui hisse un pavillon pour demander un pilote.

— Ah ! bien oui ! un pilote ! et comment veut-il qu'il sorte ?

En ce moment, un officier du port se présenta sur la jetée.

— Voici, dit-il, un navire qui demande un pilote. La plupart des pilotes ne sont pas rentrés, et probablement ont cherché un asile dans quelque port de la Manche. Y a-t-il des pilotes parmi vous?

Deux hommes se désignèrent comme pilotes.

— Pensez-vous pouvoir sortir? demanda l'officier.

— Vous êtes marin, mon capitaine, répondit l'un d'eux, et je m'en rapporte à vous. Croyez-vous qu'un de nos canots de service pourra franchir les jetées sans être chaviré?

— J'avoue que ce serait une opération dangereuse pour ceux qui l'entreprendraient, et probablement sans résultat pour les pauvres diables qui demandent assistance. Quand le navire verra qu'il ne sort pas de pilotes, il reprendra le large; ce n'est pas la peine de mettre des gens en péril pour d'autres qui n'y sont pas.

Le navire, en effet, ne tarda pas à amener le pavillon par lequel il demandait un pilote.

— Mais il ne vire pas de bord!

— Non, il va entrer sans pilote.

— Allons donc! pas possible! ça serait perdre *l'assurance*. Les assureurs n'assurent plus quand un bâtiment n'a pas de pilote.

— C'est pourtant comme ça, et il faudrait être un *berquer*, un mauvais *gardeux de vaques* et de moutons, pour ne pas voir qu'il *fait pour entrer au port*.

Cependant la mer devenait de plus en plus furieuse. Quelques personnes, qui avaient entendu dire qu'un navire allait entrer sans pilote, arrivaient sur la jetée; elles voulurent faire des questions aux marins, mais le bruit du vent et du galet roulé par la mer était devenu si formidable, qu'il fallait crier bien haut et avec une voix sonore pour se faire entendre. Le navire avait *amené* presque toutes ses voiles, il ne gardait plus que ses huniers, que l'on perdait même de vue quand il descendait entre les lames, et avec lesquels il courait plus vite peut-être qu'il n'aurait voulu. Les marins accablèrent de malédictions le capitaine qui exposait ainsi la vie de ses hommes; puis personne ne parla plus quand arriva l'instant solennel où le navire se trouva à la hauteur des jetées. Une foule de gens avaient suivi les premières personnes qui étaient venues près du phare. Les lames crevaient sur les assistants, qui étaient aussi mouillés que s'ils étaient tombés dans l'eau; mais le spectacle était si imposant, l'anxiété si grande, que personne ne s'en apercevait. Tantôt le navire, porté sur le sommet des lames, était entraîné avec une rapidité effrayante; tantôt on le perdait de vue dans les abîmes qui se creusaient entre les vagues.

Le bâtiment cependant arrivait à la passe; mais quel fut l'effroi des spectateurs quand un des marins dit :

— Les voiles *flavoient* ; il ne gouverne plus !

En effet, le navire tourna à moitié, et une

lame épouvantable le porta, au delà de la jetée du sud, sur un banc de sable et de pierre appelé le Pouiller, où il toucha avec un horrible bruit. Un cri d'effroi s'éleva parmi les spectateurs non marins. Le navire, touchant le fond, était en butte aux coups répétés de la mer. Il était roulé de côté et d'autre, et on entendait des craquements dans le pied des mâts. Les hommes de l'équipage essayèrent d'abord de le remettre à flot en le repoussant avec des gaffes ; mais la mer montait encore, et rien ne pouvait lui résister. Le beaupré fut déraciné et tomba en plusieurs pièces. La mer balayait le pont du bâtiment, enlevant tout sur son passage. Les matelots se réfugièrent dans les mâts qui restaient et où des lames venaient encore les secouer et les ébranler. Il faisait presque nuit, et l'obscurité ajoutait à l'horreur de la situation. L'officier du port qui avait déjà parlé aux marins revint les trouver et dit :

— L'équipage du navire est perdu si on ne va promptement à son secours. Ce qu'il eût été insensé tout à l'heure de tenter pour faire entrer un navire une marée plus tôt dans le port, ne peut-on le faire maintenant qu'il s'agit de sauver la vie des matelots ?

— Jamais un canot ne franchira les lames de la jetée.

— Ce serait se noyer de gaieté de cœur.

— Nous avons des femmes et des enfants, et nous devons encore demander quelques

chances favorables avant de nous jeter dans
un danger.

— Personne n'ira-t-il donc à leur secours?
dit un des assistants étrangers ; verra-t-on
périr six hommes sous les yeux d'une popu-
lation entière sans rien tenter pour les
sauver?

— Voici la mer qui commence à enlever
les bordages du navire. Dans une heure, il
n'en restera pas deux planches jointes. Dans
une demi-heure, les hommes seront noyés.

Alors un jeune homme vêtu en ouvrier
éleva la voix et dit :

— Qu'on me donne une embarcation avec
quatre hommes, et j'y vais.

— Bravo ! dit l'étranger qui avait déjà
parlé ; je donne cent francs à chaque homme.

— Ce n'est pas pour de l'argent qu'on fait
ces choses-là, dit l'ouvrier.

— Pardon, monsieur, vous avez raison, dit
l'étranger ; je serai le second.

— Allons, mes amis, dit le jeune homme,
faisons pour eux ce que d'autres feront peut-
être pour nous dans huit jours. Comme il
faut bien être noyé un jour, il vaut mieux
que ce soit en essayant de sauver nos sem-
blables. Qui vient avec moi?

— Tant pis, j'y vais.

— Et moi aussi.

— Vite, une embarcation.

Les hommes qui se dévouaient coururent
à la place des pilotes. Une partie de la foule

les suivit, le reste demeura sur la jetée. Au moment de partir, on se trouva six ; il n'en fallait que cinq.

— Êtes-vous marin ? demanda l'ouvrier à l'inconnu.

— Non, je ne puis que partager vos dangers.

— Alors restez à terre, vous nous gêneriez. En route, mes amis, et à la grâce de Dieu.

L'ouvrier fit le signe de la croix, ses compagnons l'imitèrent, et ils descendirent dans un canot qui s'élevait et s'abaissait sur les vagues de telle façon que les marins seuls pouvaient l'atteindre et s'y tenir. Les compagnons de l'ouvrier se hâtèrent de mettre les avirons en place et de s'asseoir sur les bancs de rameurs ; il prit la barre du gouvernail. La partie de la foule qui avait abandonné la jetée pour assister à l'embarquement retourna sur la jetée pour suivre la pirogue aussi bien que le permettait la nuit, alors presque tout à fait tombée. Les marins et les bourgeois échangeaient leurs impressions.

GROUPE DE MARINS. — L'homme qui est à la barre... est-ce un marin ?

— Je ne le connais pas.

— Moi je l'ai vu au pont travailler avec les terrassiers.

— Si ce n'est pas un marin et un fin marin, lui et les hommes qui l'accompagnent sont aussi bien perdus que s'ils étaient morts l'année dernière. La pirogue chavirera avant de sortir des jetées.

GROUPE DE BOURGEOIS. — Ah! mon Dieu! on ne voit plus le bateau... Il est englouti!

— Non, le voici qui remonte sur la lame... tout en haut...

— Ah! les voilà qui redisparaissent.

GROUPE DE MARINS. — Le cap sur Dive... Bien... ça n'est pas mal *barré* (gouverné). Il est de l'état.

— La mer les repousse... Voilà trois fois qu'ils manquent à franchir la lame.

— Ça y est... En voilà un bout de fait; mais la mer brise furieusement sur le Pouiller... Les voilà chavirés. Il n'y a pas d'eau. La pirogue est remise à flot et ils regrimpent dedans. Il n'y a personne de blessé. Bien *nagé* (ramé) et bien barré. Les voici qui approchent de la goëlette, mais ils vont se briser dessus. Ah! bien, très-bien! ils abordent contre la lame, le pilote s'est élancé à bord. C'est un chat, cet homme-là. Je ne vois plus guère rien.

— Je vois un mouvement dans les vergues du brick-goëlette, c'est sans doute les matelots qui descendent pour embarquer dans la pirogue.

— Vois-tu quelque chose?

— Non, et toi?

— La mer est noire comme un four. Tout ce que je sais, c'est que le vent fraîchit encore et qu'ils n'ont pas fait la moitié de la besogne, et encore quand la pirogue va être chargée... Pauvres gens !

— Ah bah ! ça sera notre tour demain. Écoutons. Entendez-vous les avirons ?

— On n'entendrait pas Dieu tonner, avec ce vent et cette mer furieuse ; mais je vois comme une ombre.

— C'est, ma foi, la pirogue. Elle est dans les brisants, ils ont abandonné la goëlette... Je ne la vois plus... Ah ! je l'ai revue sur le sommet d'une lame...

A ce moment, en effet, la pirogue passait entre les jetées et entrait dans l'avant-port.

— Ils sont sauvés !

Des hourras et des applaudissements dominèrent un instant le bruit du vent et de la mer.

On courut aider le pilote inconnu et ses quatre compagnons à tirer de la pirogue les hommes qu'ils venaient de sauver et qui étaient plus d'à moitié morts. Puis on embrassa les courageux marins, moins l'ouvrier, qui s'était perdu dans la foule aussitôt que le canot avait touché l'escalier. On l'appela, on le chercha ; mais il était tard, chacun rentra chez soi. Le capitaine du navire échoué pria les quatre marins qui s'étaient dévoués pour ses hommes et pour lui d'assister à une messe qu'il ferait dire le lendemain, en exécution d'un vœu qu'ils avaient fait quand ils n'espéraient plus de secours des hommes. L'étranger, qui avait voulu partir avec les marins, et qui s'appelait le comte de Sievenn, demanda la permission d'assister à la cérémonie et d'offrir un déjeuner à l'équipage sauvé et à ses libérateurs. Il se mit ensuite à la recherche du jeune et hardi pilote pendant toute la soirée. Le lendemain, comme il se dirigeait vers l'hôtel qu'habitaient les marins de la goëlette, il passa près du pont Rouge, et, s'approchant d'un groupe d'ouvriers qui attendaient qu'un entrepreneur ou un bourgeois vînt leur offrir de l'ouvrage. il s'écria tout à coup :

— C'est lui, c'est bien lui !

Et, secouant la main du jeune homme, il l'embrassa et lui dit :

— Il faut que vous veniez. Les marins que vous avez sauvés hier ont fait un vœu, et il faut que vous y soyez. Ensuite vous me ferez, comme eux et vos quatre compagnons d'hier, l'honneur de déjeuner avec moi.

Après quelques hésitations, l'ouvrier se laissa entraîner. Le capitaine l'embrassa et voulut absolument lui donner sa montre.

— Ce n'est pas une récompense, ajouta-t-il, c'est un souvenir d'amitié.

Bientôt arriva l'heure fixée pour la cérémonie du vœu. Tous les marins de l'équipage, le capitaine en tête, se mirent en route pour l'église. Ils avaient la tête et les pieds nus, et marchaient dans un profond recueillement que partagea, malgré elle, la foule accourue pour les voir, mais respectueusement entr'ouverte pour leur livrer passage. Le clergé les

attendait à la porte de l'église, et la touchante
et majestueuse cérémonie commença.

Le déjeuner offert par le comte de Sievenn
fut splendide. L'ouvrier et ses quatre compagnons eurent les places d'honneur. Le cidre
ne parut à table que pour la forme et l'honneur de la Normandie ; mais, sur un signe de
l'étranger, les garçons de l'hôtel ne tardèrent
pas à l'enlever, et le remplacèrent par de bon
vin. Comme on commençait à chanter, on
vit paraître subitement deux gendarmes dans
la salle.

— Que personne ne bouge, dit le brigadier ; au nom de la loi, lequel de vous s'appelle
Onésime Alain ?

L'ouvrier, qui avait d'abord pâli, reprit du
calme aussitôt et dit :

— C'est moi... Que me voulez-vous ?

— Êtes-vous Onésime Alain de Dive ?

— Je m'appelle Onésime Alain, et je suis
né à Dive.

— Vous allez nous suivre.

Tous les convives se récrièrent :

— Mais c'est un honnête homme ! c'est lui
qui nous a sauvé la vie à tous. Nous ne le
laisserons par emmener.

Et ils se jetèrent entre Onésime et les
gendarmes. Le comte de Sievenn leur donna
des explications ; mais ceux-ci exhibèrent
leur mandat d'amener contre Onésime Alain
de Dive, profession de... marin, *déserteur*.

Onésime pria ses convives de ne mettre

aucun obstacle à la mission des gendarmes.
Le comte de Sievenn lui dit :

— Après ce que je vous ai vu faire cette
nuit, je suis votre ami. Je suis fâché qu'il
vous arrive malheur ; mais je ne laisserai pas
échapper une occasion qui se présente si vite
de vous montrer mon dévouement. Qu'avez-
vous fait ?

— J'ai reçu une feuille de route pour Cherbourg. Des amis et des parents avaient alors
de moi un besoin indispensable ; je me suis
caché et je ne suis pas parti. J'attendais ici
une lettre pour aller moi-même me faire juger
à Cherbourg. Il aurait mieux valu que je me
fusse livré, comme c'était mon intention ;
j'aurais sans doute trouvé de l'indulgence
dans mes juges.

— Je ne vous quitterai pas, dit le comte,
je me charge de votre avocat, et je parlerai
moi-même à vos juges. Si vous êtes condamné, je suis sûr que j'obtiendrai votre
grâce du roi.

Le capitaine du brick naufragé avait quelques jours à lui ; les compagnies d'assurance
faisaient faire l'expertise du sinistre éprouvé
par son bâtiment. Il voulut témoigner à Onésime sa reconnaissance pour le service qu'il
lui avait rendu en allant à Cherbourg avec le
comte de Sievenn, qui, avant de quitter le
Havre, avait écrit au ministre de la marine.

Aussitôt arrivé à Cherbourg, Onésime fut
conduit à la prison par les mêmes gendarmes

qui l'avaient arrêté au Havre ; mais le comte
ne tarda pas à recevoir la réponse du ministre. Onésime, au bout de quinze jours de
captivité, fut jugé et acquitté. Le président
du conseil de guerre venait de prononcer la
formule ordinaire : « Le tribunal ordonne
que le prévenu sera immédiatement élargi,
s'il n'est détenu pour autre cause, et mis à la
disposition du ministre de la marine pour
faire son service. » Le comte, qui avait en
poche une lettre du ministre annonçant
qu'Onésime Alain retournerait dans ses foyers
et serait appelé ultérieurement, avait serré
la main au pêcheur. Les gendarmes entre
lesquels était placé Onésime s'étaient écartés
pour le laisser sortir, lorsque le procureur
du roi, entrant dans la salle d'audience, fit
signe aux gendarmes de retenir leur prison-
nier, et, lisant un papier qu'il avait à la main,
il dit :

— Attendu que le nommé Onésime Alain
de Divè est prévenu du crime d'assassinat
suivi de vol sur la personne d'Éloi Alain de
Dive, requérons qu'il soit réintégré en prison
et tenu à la disposition du ministère public.

Toute l'assistance fut frappée d'étonnement
et d'horreur. Le comte de Sievenn et le capitaine s'éloignèrent instinctivement d'Onésime. Celui-ci fut d'abord comme étourdi ;
puis il s'écria :

— Mais c'est un rêve... J'ignorais la mort

de mon cousin Éloi... Mon cousin Éloi est donc mort?... Moi... un assassin!...

— Gendarmes, dit froidement le procureur du roi, le prévenu s'expliquera avec le juge d'instruction ; emmenez-le.

Les gendarmes saisirent Onésime par les bras ; mais lui, les écartant d'une secousse, s'écria d'une voix forte :

— Attendez. Avant de vous suivre, je veux dire à haute voix à mes amis que je suis en ce moment victime d'une fatale erreur ou d'une atroce calomnie, et que je ne suis pas un assassin.

Les gendarmes l'avaient déjà repris par les bras. Cette fois il les suivit sans résistance; mais, au lieu d'être reconduit dans la prison qu'il avait quittée le matin, il fut enfermé dans un cachot, après qu'on l'eut fouillé scrupuleusement et qu'on lui eut enlevé tout ce qu'il pouvait avoir sur lui.

En vain Onésime cherchait à s'expliquer comment Éloi pouvait être mort, et comment lui, Onésime, était accusé de l'avoir tué. De temps à autre, il se disait :

— Allons, c'est un rêve, je vais bientôt me réveiller... Mais non, ajoutait-il, je ne dors pas... C'est une erreur... On découvrira qu'on s'est trompé... Oui, mais quelquefois on a condamné des innocents.

Puis il se disait encore :

— Qu'est-ce donc que cet œil que j'ai vu à travers la serrure quand je prenais l'argent pour M. Malais?... N'est-ce pas mon cousin, qui, voyant qu'on lui avait pris une partie de son argent, se sera tué de désespoir, et alors ne suis-je-pas, en effet, son assassin? Et la justice ne saura-t-elle pas que j'ai envoyé une somme assez forte à Pulchérie? Et ignorera-t-on longtemps que j'étais dans le pays, que je me cachais? Ne peut-on m'avoir vu chez le meunier? Je suis perdu!

Il demanda du papier pour écrire au comte de Sievenn, il voulait lui dire toute la vérité; mais on lui répondit que, jusqu'à nouvel ordre, il était au secret et ne pouvait communiquer avec personne.

Le lendemain, il fut conduit dans le cabinet du juge d'instruction, qui lui donna connaissance du procès-verbal, duquel il ressortait que tel jour, précisément le lendemain du jour où Onésime s'était enfui de Dive, comme on ne voyait pas sortir le meunier, le garçon du moulin s'était inquiété et était allé frapper à la porte de la chambre sans recevoir de réponse. Quelques instants après, le sieur Épiphane Garandin, ancien maître d'école, aujourd'hui huissier, était arrivé pour rendre compte à Éloi Alain de diverses exécutions qu'il avait à faire pour lui, et l'avait demandé. Le garçon lui ayant dit qu'il ne l'avait pas vu de la journée et qu'il commençait à trouver cela singulier, le sieur Épiphane Garandin l'avait engagé à faire chercher le maire et à ouvrir la porte, ce qui avait été fait, par suite de quoi on avait trouvé le corps du meunier étendu sur le carreau. Un médecin appelé avait déclaré qu'il était mort étranglé, et que la mort remontait à douze ou quinze heures. Tout portait à croire que l'assassin avait rencontré une vive résistance. Les mains crispées de la victime tenaient un morceau de drap déchiré que, par un hasard singulier, on n'avait pu retrouver quelques instants après, lorsqu'on avait voulu l'annexer au procès-verbal.

Une déposition importante avait été faite par le sieur Épiphane Garandin; il avait révélé que le nommé Onésime Alain, cousin de la victime, marin réfractaire, vivait depuis quelque temps caché dans le pays; que lui-même, le jour où avait dû être commis l'assassinat, il avait subi de la part de cet homme une attaque dans laquelle il avait été blessé de plusieurs coups de bâton. Il avait appris par la servante du meunier que ledit Onésime s'était le même jour introduit par une fenêtre dans la maison d'Éloi Alain, et que sans doute il avait pris la fuite dans la même nuit, car on ne l'avait pas revu le lendemain. Le sieur Épiphane avait ajouté que, dans son opinion, l'attaque qu'il avait subie de la part dudit Onésime avait pour but de s'emparer d'une somme d'argent qu'il devait avoir quelque raison de supposer avoir été reçue par lui, Épiphane, pour le compte du meunier.

Onésime fut épouvanté de cette déposition ; il annonça au juge d'instruction qu'il allait dire toute la vérité. Il avait voulu sauver des amis poursuivis injustement par son cousin. Ayant épuisé tous les moyens imaginables pour obtenir en leur faveur au moins un délai, il avait pris à son cousin, qu'il savait absent, une somme qui devait servir à le payer. Il s'était enfui, parce qu'un œil qu'il avait vu à travers la serrure lui avait fait penser qu'il était découvert. Ce qui l'avait décidé à prendre ainsi l'argent de son cousin, c'est qu'il savait comme tout le monde qu'il était l'unique héritier d'Éloi Alain, auquel, d'ailleurs, la somme serait remise peu d'heures après. Le seul résultat de l'enlèvement de l'argent devait être le délai qu'il avait en vain demandé pour ses amis. Il indiqua le véritable sujet de son combat avec Épiphane ; la colère conservée par Épiphane pouvait expliquer, disait-il, une certaine animosité qu'il remarquait dans sa déposition. Quelques circonstances pouvaient tromper Garandin, et celles-là, Onésime ne les niait pas ; mais il en était d'autres que l'ancien maître d'école altérait beaucoup ou supposait entièrement. Le juge d'instruction fit son procès-verbal, et dit à Onésime qu'il ne lui cachait pas que ses conclusions ne lui étaient pas favorables, que ses aveux ne lui semblaient pas complets ; que sans doute, surpris par le meunier et menacé par lui d'une dénonciation, il l'avait tué pour s'assurer son silence. Onésime demanda la faculté d'écrire et de voir quelques personnes, ce qui lui fut accordé.

Pendant ce temps, on était bien triste à Dive. Quand arriva la lettre dans laquelle Onésime disait à Bérénice d'aller avec Pulchérie prendre l'argent au pied du saule, on connaissait déjà la mort du meunier. Bérénice sentit un horrible frisson, et n'osa pas se dire à elle-même l'épouvantable pensée qui naissait tout à coup dans son esprit. Elle alla trouver Pulchérie. Celle-ci, le soir même où elle avait vu Onésime au bord de la rivière de Beuzeval, ne comptant pas beaucoup sur le résultat de ses efforts, avait décidé M. Malais à quitter le château pour lui épargner l'humiliation de le voir mis en vente. M. Malais s'était dit à lui-même ce qu'il se proposait de dire aux autres, que ce château lui était devenu insupportable depuis la mort de madame Dorothée Malais, que l'air d'ailleurs y était trop vif pour l'enfant de Pulchérie, et que, dans l'intérêt de la santé du jeune comte, il habiterait la vallée jusqu'à ce qu'il eût trouvé l'occasion d'acheter quelque magnifique domaine, ce qui ne tarderait pas beaucoup, attendu que ses hommes d'affaires en avaient plusieurs en vue.

Le lendemain matin dès l'aurore, il sortit à cheval. Pulchérie lui avait demandé de lui laisser le soin de leur installation dans une petite maison qui se trouvait vacante à Cabourg ; elle y avait fait transporter les meubles, le linge, tout ce qui leur était nécessaire, et le soir, au lieu de rentrer au château, M. Malais était allé coucher au nouveau logement. Ainsi ils n'habitaient plus Beuzeval lorsque Onésime avait eu ce combat acharné avec Épiphane pour l'empêcher d'afficher la mise en vente du château.

Bérénice et Pulchérie ne purent pas douter du crime d'Onésime.

— Il t'aimait tant! disait Bérénice, il aurait détruit le monde entier pour satisfaire un de tes désirs.

— N'y a-t-il donc aucun moyen de le sauver? disait Pulchérie.

Toutes deux pensaient, comme le juge d'instruction, que, surpris par Éloi Alain au moment où il lui prenait son argent, une lutte s'était engagée entre eux, et que le meunier avait succombé.

— Il ne me manquait plus, disait Pulchérie, que d'être la cause d'un si grand malheur !

Elles décidèrent entre elles qu'elles brûleraient la lettre d'Onésime, et qu'elles laisseraient l'argent au pied du saule où il avait été enfoui ; mais, après les aveux d'Onésime au juge d'instruction, on fit une descente chez Tranquille Alain, et, sur la vue du procès-verbal qui constatait ces aveux, Bérénice désigna le saule, au pied duquel on n'eut pas de peine à trouver l'argent,

Une lettre d'Onésime à ses parents contenait le récit qu'il avait fait au juge d'instruction. « Nous sommes malheureux, disait-il, mais nous ne sommes pas déshonorés ; je suis innocent du crime dont on m'accuse ; un concours effrayant de circonstances vient déposer contre moi ; peut-être, si j'étais juge, condamnerais-je un homme dans ma position ; mais, à vous, mes bons et malheureux parents, à ma sœur Bérénice et à Pulchérie, à laquelle je demande instamment qu'on montre cette lettre, je jure sur le sang du Christ que je n'ai même pas vu le meunier dans la nuit fatale où il a perdu la vie. »

Le comte de Sievenn, après des conférences multipliées avec l'avocat d'Onésime et des démarches actives auprès des juges, eut la conviction qu'Onésime serait condamné ; cependant, malgré les indices accumulés contre lui, il croyait à son innocence ; on espérait toujours que l'instruction amènerait quelque incident qui pourrait éclairer la justice.

— Mais, disait le comte au juge d'instruction, comment expliquez-vous ce lambeau de drap de couleur foncée vu d'abord aux mains crispées de la victime, et qu'on n'a pu retrouver, tandis que les témoins qui ont rencontré l'accusé ce jour-là affirment tous qu'il était vêtu de toile ?

— Cela prouverait tout au plus qu'il avait des complices.

Quelques jours avant le jugement, le géô-
lier, un matin, ne trouva plus Onésime
dans la prison ; on envoya de tous côtés le
signalement du fugitif, et on remit la cause
à une autre session, au lieu de passer
outre, sans aucun doute par l'intervention
du comte, qui espérait, disait-il toujours,
que le temps viendrait prouver l'innocence
d'Onésime. Cet espoir malheureusement ne
se réalisa pas. A la session suivante, Onésime
absent fut déclaré coupable et condamné à
la peine de mort ; mais quelqu'un qui tra-
versa le pays avant le jugement prétendit
savoir positivement qu'Onésime s'était noyé,
et donna sur sa fin des détails qui ne permettaient guère d'en douter.

On ouvrit le testament du meunier ; il avait
légué tout son bien, qui était considérable, à
Onésime, sauf une pension viagère à sa servante. Au cas où Onésime mourrait avant
ladite servante, elle aurait l'usufruit du-tout,
qui, après sa mort, retournerait à la famille
du meunier. Le bien du meunier, aux termes
de la loi, fut mis sous le séquestre, comme
appartenant à Onésime, *contumace*, sauf à le
faire déclarer indigne et à faire annuler le
testament, s'il était plus tard prouvé qu'il
était l'assassin du meunier ; la pension de la
servante fut payée par provision.

Il y eut une grande tristesse dans la maison
de Risque-Tout. Il était fort rare qu'on parlât
d'Onésime et de son affaire, quoique chacun

y pensât en secret. Bérénice seule, après avoir bien écouté son cœur, était sûre de son innocence.

VIII

Une année s'était écoulée, les bains de Beuzeval étaient de nouveau très-fréquentés sous la direction habile de dame Épiphane Garandin. Quant à maître Épiphane, il avait complétement changé de manières. Autrefois il s'habillait autant que possible d'une façon au-dessus de son état ; ses affublements n'étaient pas en général d'un goût irréprochable, mais ils étaient de cette magnificence laborieuse qui expose les prétentions et la sottise de celui qui les porte. Maintenant il n'avait plus que de vieux habits rapiécés, il se plaignait de la pauvreté et de la dureté des temps, il ne mangeait que des croûtes de pain et de la viande de rebut, il ne changeait plus jamais de chapeau.

Le plus assidu sur la plage des étrangers réunis à Beuzeval et à Dive était, sans contredit, un grand vieillard maigre qui ne se baignait jamais, mais se rendait agréable à tout le monde par sa politesse, son extrême complaisance, une patience à toute épreuve

pour écouter tout ce qu'on voulait lui dire,
et la plus étonnante crédulité. Ce vieillard,
qui semblait d'ailleurs atteint d'une surdité
presque complète, se nommait M. Bréville.

M. Malais rencontrait souvent M. Bréville
sur la plage et le trouvait infatigable à écouter les récits des magnificences de sa vie. Depuis qu'il demeurait à Cabourg, dans une petite maison, sous les yeux de tout le monde,
il avait reculé devant les déguisements de son
cheval; il était un jour sorti sur Mouton,
orné de son étoile blanche, s'était montré
partout, avait causé avec vingt personnes différentes, en annonçant qu'il allait vendre
son cheval; que, maintenant qu'il se faisait
vieux, il n'avait plus besoin de deux chevaux,
qu'il gardait le meilleur et se défaisait de
l'autre; il ne revint que dans la nuit, rentra sans bruit, remit son cheval dans son
écurie, et effaça l'étoile blanche. Le lendemain, il se promena sur Pyrame, disant à qui
voulait l'entendre qu'il avait vendu Mouton
mille francs. Malgré la singulière assurance
avec laquelle il débitait ses contes, il était
forcé de prendre quelques précautions avec
les gens du pays, qui se permettaient parfois
des objections, tandis que M. Bréville, non-
seulement, en sa qualité d'étranger, n'était
pas frappé par quelques invraisemblances et
quelques contradictions, mais encore ne dou-
tait jamais de ce qu'on lui disait, et approu-
vait tout, pour paraître avoir entendu.

Le hasard avait mis M. Bréville en rapport avec plusieurs des personnages que nous connaissons. Il rencontrait souvent Tranquille Alain, quelquefois aussi Pélagie et Bérénice ; il leur parlait avec affabilité et achetait leur poisson ; il commanda à Bérénice une assez grande quantité de dentelles pour une personne de sa famille, dont il lui paya une partie d'avance. Pulchérie y travaillait avec Bérénice quand on ne lui donnait pas de broderies à faire. Au bout de quelque temps, M. Bréville prit à son service, comme femme de charge, Désirée, la servante du meunier.

Une des personnes dont M. Bréville s'était également concilié l'estime et la confiance était une grande et grosse femme, faiseuse de vers et mère d'une charmante fille dont elle était beaucoup moins fière que de ses mauvais vers. Elle avait, l'hiver précédent, fait d'avance et écrit ses impressions à l'aspect de la mer, et elle les avait emportées comme elle avait emporté ses chapeaux. La première fois qu'elle aborda M. Bréville, c'était à la fin du jour ; il était assis sur une chaise, les deux mains croisées sur la pomme de sa canne, et le menton sur ses deux mains. Il regardait le soleil qui allait disparaître derrière la Hève.

— Quel magnifique spectacle que la mer ! s'écria-t-elle ; comme cet aspect emporte l'âme dans les régions de l'infini !

— Un beau coucher de soleil, madame !

avait répondu M. Bréville en la saluant. Vous êtes ici pour prendre les bains? ajouta-t-il.

— Non, monsieur, j'y ai amené ma fille, pour laquelle je vis uniquement, qui est l'objet de toutes mes pensées et de toutes mes affections.

— Les enfants nous récompensent souvent bien mal, madame, avait répondu M. Bréville, qui avait cru entendre *afflictions*.

Il y avait aussi un jeune homme toujours bien cravaté, bien ganté, et portant de longs éperons dont les molettes s'émoussaient singulièrement sur le sable de la mer et sur le galet. Celui-ci ne parlait que de ses chevaux, de ses bonnes fortunes, de ses duels. Il désignait par leurs prénoms tout ce qu'il y avait de distingué à Paris dans la politique, les arts et le monde. Il s'appelait le vicomte de Morgenstein. Il était fort gracieux pour la grosse femme de lettres et pour sa fille. Comme elles, il avait choisi Dive pour prendre les bains de mer, parce que, fatigué du *grand monde*, il ne voulait pas le retrouver à Dieppe, au Havre ou à Trouville.

Il régnait depuis quelques jours un vent de nord-est qui avait interrompu les bains. On était fort embarrassé de son temps. M. Bréville proposa des promenades dans les environs. Il eut soin de réunir les ânes pour les femmes ; les hommes accompagnèrent à pied. Le hasard dirigea la promenade vers le château de Beuzeval. Il était affiché à vendre. On entra pour le visiter; on loua. on blâma; cependant la jeune Claire, la fille de madame du Mortal, la femme de lettres, ayant dit, à l'aspect d'un couvert de tilleuls, que ce serait charmant pour danser, M. Bréville répondit froidement :

— Vous trouvez, mademoiselle? Alors je vais acheter le château, et si vous voulez, dimanche prochain, j'aurai l'honneur d'ouvrir avec vous, sous ces beaux tilleuls, un bal, qui, je l'espère, donnera quelques distractions à nos aimables baigneuses.

On rit beaucoup de la plaisanterie; mais le vendredi suivant (on était au mardi) toutes les personnes qui se trouvaient aux bains reçurent une invitation pour venir danser au château de Beuzeval de la part de M. Bréville.

Cette vente ne changea rien à la position de M. Malais et de Pulchérie. Il se trouva que les sommes dues à l'héritage du meunier par M. Malais et par son gendre défunt dépassaient de beaucoup le prix à payer pour l'acquisition. Ce prix fut déposé à la caisse des consignations. La mort d'Onésime n'ayant pas été légalement prouvée, et sa condamnation n'ayant été prononcée que par contumace, ses biens provenant de la succession d'Éloi Alain devaient rester sous le séquestre pendant cinq ans.

M. Bréville s'était informé auprès de Désirée pour avoir de la musique. Elle lui avait indiqué M. Épiphane Garandin, qui avait un

magnifique talent sur le flageolet, mais qui
ne voudrait peut-être plus faire le ménétrier,
maintenant qu'il avait été huissier, comme
il le faisait quand il était instituteur. Il faut
garder son rang. Cependant, comme il n'était
pas bien riche, et que, comme elle, il avait
beaucoup perdu à la mort du meunier, puisqu'il était forcé de travailler en journée, l'espoir d'un bénéfice honnête pourrait bien le
séduire.

M. Bréville alla donc trouver maître Épiphane Garandin. On le fit attendre longtemps
à la porte après qu'il eut frappé ; puis madame Épiphane vint ouvrir, très-rouge et
très-troublée. Elle était assez misérablement
vêtue. Un vieux bonnet qu'elle avait remis à
la hâte n'était pas parfaitement droit sur sa
tête, mais un collier d'or à son cou faisait un
singulier contraste avec la pauvreté de ses
habits. M. Bréville ayant demandé maître
Épiphane Garandin, elle l'appela à plusieurs
reprises. Il se fit attendre quelque temps encore, puis, quand il arriva, pâlit, rougit, et,
tout en demandant à M. Bréville ce qu'il désirait de lui, il s'efforça d'attirer l'attention
de sa femme par des signes réitérés sur son
magnifique collier d'or. Après quelques hésitations, elle finit par se retirer, et, quand
elle rentra, elle n'avait plus de collier.

— Vous vous appelez Galantin, monsieur ?
— Non, monsieur... Garandin.
— Oh ! très-bien, et vous êtes huissier ?

— Je l'ai été, monsieur. Les temps étaient si difficiles, les affaires si mauvaises, que j'étais obligé de faire quelques autres choses en même temps. J'avais des ennemis, on m'a calomnié, on m'a obligé de vendre ma charge, et je l'ai revendue rien du tout, attendu que personne n'a voulu venir s'établir ici, et que l'huissier de Trouville m'a acheté pour quelques pièces de cent sous ma clientèle, mes cartons et mes chaises. Je vis comme je peux avec ma pauvre femme. J'ai été clerc autrefois, je donne quelques leçons, je fais les comptes des ouvriers, puis je travaille de mes bras.

— Alors vous n'aurez aucune répugnance à venir faire de la musique chez moi. J'ai acheté une maison qu'on appelle le château de Beuzeval, et je veux, dimanche, faire sauter quelques jeunes filles.

— Très-volontiers, monsieur.

— Vous jouez, m'a-t-on dit, du flageolet?

— Passablement, monsieur.

— Très-bien. Je vous attends dimanche à sept heures du soir.

Le château était resté en partie meublé; cependant il y manquait beaucoup de choses. M. Bréville avait prié Désirée de prendre pour ce jour-là la direction de la maison et de surveiller les rafraîchissements, en s'adjoignant deux jeunes filles pour servir.

— Il paraît, lui dit-il, que l'homme chez lequel vous m'avez envoyé n'est pas riche. Il s'est montré enchanté de l'occasion de gagner quelque chose. Cependant sa femme avait un très-beau collier qui m'a paru être en or.

— Monsieur s'est trompé. Si madame Garandin avait jamais eu de sa vie un collier en or, il y a longtemps qu'il serait vendu.

A quoi M. Bréville répondit :

— En effet, je pensais bien que cela ne devait pas être de l'or.

Le soir, elle dit à Garandin :

— Il paraît que madame Garandin a des colliers en or ?

— Eh non ! dit Garandin, c'est un vieux collier en imitation.

— Oui, joliment... Monsieur a vu le contrôle... Après ça, ça m'est bien égal... Faites comme il vous plaira, je m'en lave les mains.

M. Malais avait reçu une invitation de la part de l'acquéreur du château de Beuzeval, et il s'y rendit après quelque hésitation entre le chagrin de revoir cette propriété dont il avait été si cruellement dépossédé, et l'importance qu'il pourrait se donner ce soir-là comme ancien propriétaire du château de Beuzeval. Il eut soin de dire qu'il s'était défait de cette habitation parce qu'elle était devenue trop triste pour lui depuis qu'il y avait perdu son fils, sa femme et le mari de sa nièce.

— Vous ne m'avez pas parlé de votre nièce, M. de Beuzeval, et je vous en veux de ce que je n'ai pu l'engager à embellir notre petite soirée de sa présence.

— Mille remercîments ; ma nièce, madame la comtesse de Morville, ne serait pas venue ; le deuil de son mari n'était pas terminé qu'elle a perdu son enfant ; depuis ce temps, elle ne va plus dans le monde, elle vit dans la retraite la plus absolue, et ne voit qu'une famille de pêcheurs chez lesquels elle a été mise en nourrice. J'ai renoncé moi-même au monde pour ne pas la contrarier, et je ne reçois personne chez moi, pour ne pas la condamner à s'enfermer dans sa chambre, ce qu'elle ne manque pas de faire, quand par hasard il arrive quelqu'un qu'on ne peut se dispenser de recevoir.

M. le vicomte de Morgenstein prit occasion de chaque chose qu'on visita pour parler de choses analogues, mais beaucoup plus belles, à lui appartenant. On se promena dans la propriété nouvellement acquise. M. Bréville loua la beauté des meubles que lui avait laissés M. Malais, qu'il n'appelait que M. de Beuzeval. Celui-ci lui dit :

— Vous n'êtes pas difficile... Je ne vous cache pas que j'ai enlevé ce qu'il y avait de mieux pour le petit réduit que j'occupe. Je suis fâché, à cause de la sauvagerie de ma nièce, de ne pas pouvoir vous en faire juger.

M. Bréville répondit qu'il le savait et qu'on le lui avait dit chez le notaire.

Le vicomte de Morgenstein, en voyant un petit bassin, parla d'un étang d'une demi-lieue qu'il avait chez lui et dans lequel on pêchait les meilleures truites du monde. M. Malais fit observer qu'il n'avait jamais entendu dire que les truites vécussent ailleurs que dans les cours d'eau claire et rapide ; mais M. Bréville répondit que c'était sans doute une espèce particulière, parce qu'il avait un ami qui lui avait dit également en avoir pêché très-souvent, et d'excellentes, dans un étang. En voyant l'écurie, M. Malais parla de ses quatre chevaux. Le vicomte dit que désormais il n'en voulait plus avoir que six dans ses écuries, et qu'il allait, à son retour, faire cette réforme.

On dansa, on soupa ; tout alla le mieux du monde. Madame du Mortal parlait de la mer.

— Quel magnifique spectacle que la mer ! s'écria-t-elle ; comme son aspect emporte l'âme dans les régions de l'infini !

Sa fille rougit en l'entendant répéter à tous les baigneurs réunis une phrase qu'elle avait déjà dite à chacun d'eux. Ensuite madame du Mortal parla des rêveries au bord de la mer, des beaux vers qu'elle avait inspirés, et fit si bien que M. Bréville lui demanda si elle n'avait pas consacré quelques vers à rendre ce qu'elle sentait avec tant de poésie. Arrivée à son but, madame du Mortal feignit de se troubler : elle était, sans aucun doute, restée bien au-dessous de ce magnifique spectacle ; elle n'oserait jamais dire un seul de ses vers ;

8

elle avait une timidité dont elle n'avait jamais pu triompher. On lui prodigua les encouragements, et elle se décida à lire des vers ampoulés qui finissaient ainsi :

> J'aime . . . .
> Le maquereau brillant des reflets de l'agate,
> Le turbot plat et gris, le homard *écarlate*
> Jouant au fond des mers.

— Pardon, madame, dit M. Malais, mais le homard n'est rouge que quand il est cuit.

Madame du Mortal fut très-confuse, mais M. Bréville cita des écrivains distingués et des peintres célèbres qui étaient tombés dans la même erreur. Madame du Mortal s'écria alors qu'elle aimait beaucoup mieux se tromper avec des hommes de génie que d'avoir raison avec *certains autres ;* que, du reste, elle faisait ses vers sans prétention, et seulement pour procurer à sa fille des lectures sans danger, car on fait *aujourd'hui,* ajouta-t-elle, de si mauvais livres !

— Pour moi, dit-elle, j'erre aux bords de l'Océan, je me laisse aller aux rêveries que m'inspire le bruit des vagues, et je jette sur le papier les élans d'une poésie un peu sauvage peut-être, mais qui ne seront lus que par ma fille.

La vérité sur la poésie un peu sauvage de madame du Mortal est qu'elle était attachée à un journal de Paris pour y faire *l'article mo-des*, et que le jour même on l'avait vue assise au bord de la mer, qui venait murmurer à ses pieds. La marée était basse, les fraîches lueurs du matin teignaient d'un rose lilas le sable humide que la mer avait abandonné et qu'elle allait reprendre. La mer était d'un vert pâle partout, excepté à l'horizon, où elle était d'un bleu sombre. Au bord se déroulait une écume blanche comme une frange d'argent, dans laquelle se jouaient des mouettes. On avait vu de loin madame du Mortal écrire, et voici ce qu'elle écrivait :

« On continue à festonner les *volants* de taffetas ; *l'organdi* et *la tarlatane* sont les étoffes en vogue dans la *fashion*, surtout quand elles sont employées avec le *faire distingué* de madame Amanda (rue de Rivoli, 15). Madame la comtesse A*** portait l'autre jour une capote en *tulle bouillonné* avec un léger bouquet sur le côté de la *passe*, tandis que sa sœur, madame la duchesse de B***, en avait un en paille de riz orné de petits radis roses. Toute la *bonne compagnie* reconnaissait le *faire* de madame Ursule (rue Breda, 5). Elle avait aussi un mantelet de mousseline de l'Inde, doublé de soie citron, qui sortait de chez M. Alfred (rue Vivienne, 14). »

Comme elle finissait en signant vicomtesse de C***, le vicomte de Morgenstein l'avait abordée. Elle avait caché son papier, et celui-ci lui ayant dit :

— Ah! madame, nous priverez-vous des belles pensées que la mer vous inspire?

— Quel magnifique et imposant spectacle! s'était écriée madame du Mortal; cette agitation incessante des vagues n'est-elle pas la fidèle et triste image de notre destinée?

La vérité est que la destinée de madame du Mortal avait été en effet assez agitée. Depuis huit ans, elle avait quitté M. du Mortal pour un officier, qui n'avait pas tardé à avoir des remords et lui avait laissé promptement le loisir de racheter leur faute commune en retournant édifier le foyer conjugal par son repentir et l'exercice de vertus privées qu'elle avait un peu négligées. Madame du Mortal n'en fit rien; elle sut se créer des ressources. Autrefois les gens déçus, les gens découragés, entraient en religion; aujourd'hui ils entrent en feuilleton. Qu'une femme fasse parler d'elle, qu'une histoire scandaleuse l'éloigne pour un moment du monde, elle n'ira pas pleurer sa faute et l'expier dans un cloître; vous n'attendrez pas longtemps pour voir son nom au bas du feuilleton d'un journal, où elle demandera l'affranchissement de la femme. Madame du Mortal n'avait pas eu, du reste, à faire, pour imaginer cette ressource, de grands frais d'invention. Son époux, M. du Mortal, grand et gros homme à figure sévère, à formidables moustaches, faisait depuis longtemps l'article *modes* dans un journal répandu, et, sous le nom de marquise de M***, traitait hebdomadairement les questions de *volants* et de *passe*, parlait de la longueur des robes et de la largeur des chapeaux, d'après les indications des modistes et des couturières, qui le payaient pour citer leur nom et leur adresse. Madame du Mortal se livra à la même industrie et enleva quelques personnes de la clientèle de son mari.

Le vicomte de Morgenstein était un de ces illustres pianistes dont l'art a beaucoup moins de rapports avec la musique qu'avec la prestidigitation. M. de Morgenstein ne faisait que trois notes de moins à la minute que M. Henri Herz, mais il était encore jeune et travaillait beaucoup; on pensait qu'il atteindrait et peut-être même surpasserait ce maître. Il avait les cheveux longs et frisés, affectait un air mélancolique et désespéré; il avait dans la démarche quelque chose de fatal. En le voyant, on devinait sans peine un homme accablé par les assauts du génie et la malédiction divine.

M. Bréville, qui n'aurait pas osé lui demander une contredanse, le pria de jouer quelque chose sur le piano; il refusa : il était exténué, il y avait quatre nuits qu'il n'avait pas fermé l'œil; il portait tant d'envie à ceux qui dorment! On insista, il passa la main sur le clavier; le piano ne valait rien et n'était qu'à peine d'accord. On cessa de le tourmenter, et on s'occupa d'autre chose. Quand il se vit abandonné, il se mit devant le piano et préluda. Le maître de la maison réclama un peu de silence. Alors il parut que le jeune musicien se réveillait :

— Eh quoi ! s'écria-t-il, ai-je joué du piano ? Je ne m'en étais pas aperçu, je n'y songeais seulement pas... mais, puisqu'on le veut absolument... voici quelques variations sur la dernière pensée de Weber.

. Il laissa tomber ses deux bras sur les deux côtés de la chaise, il ferma les yeux, regarda le plafond comme s'il demandait des inspirations au ciel, puis leva ses deux mains au-dessus du clavier et à la hauteur de ses yeux avec nonchalance. Alors, comme si l'inspiration arrivait tout à coup et s'emparait de lui, il frappa des deux mains sur le piano avec énergie, et commença à jouer des variations qu'il avait jouées vingt fois déjà après les avoir apprises pendant deux mois, au grand désespoir de ses voisins, qui avaient eu à subir les études et les passages répétés avec une inexorable persévérance. De temps en temps, baissant la tête sur le piano, il laissait tomber ses cheveux sur le clavier ; puis tout à coup, relevant brusquement et fièrement la tête, il les rejetait en arrière. C'est un effet que presque tous essayent, mais dans lequel peu réussissent. Ces mouvements brusques et spontanés sont étudiés avec grand soin.

Voici comment se fait une variation pour un instrument quelconque : on prend un air d'un autre musicien (rien n'empêche de le choisir joli), on joue l'air une fois dans le mouvement fixé par l'auteur, puis on le joue une autre fois en le délayant, en y intercalant toutes sortes de lambeaux de phrases plus ou moins musicales. Les faiseurs de variations versent dans la coupe où est un vin généreux, tantôt de l'eau, tantôt une odieuse piquette; ils vous font boire cet horrible mélange, puis, de temps en temps, vous font un peu goûter le vin pur, c'est-à-dire que, de temps en temps, ils rejouent la mélodie sans y rien ajouter. Quand ils s'arrêtent, on applaudit bien plus de joie de ce que c'est fini qu'à cause du plaisir qu'on a goûté. Puis, si quelqu'un, ravi de la mélodie ainsi délayée, demande au pianiste de qui elle est, celui-ci répond hardiment et modestement à la fois: «De moi, monsieur,» absolument comme si le fou se croyait l'auteur du verre de Bohême qu'il brise en éclats.

Le journal de madame du Mortal reçut, en même temps que l'article *modes* que cette dame avait écrit sur les bords de la mer, une note que le pianiste envoyait à un de ses amis, rédacteur de la feuille. Cette note, faite par lui-même et de son écriture, était accompagnée d'un billet ainsi conçu :

« Fais *passer* cette note dans le plus prochain numéro; il serait ridicule de faire le modeste et de ne pas te dire franchement que j'ai eu un succès fou. Tout à toi !»

Voici la note :

« Nous avons encore à enregistrer un nouveau succès de Morgenstein. Il a bien voulu se faire entendre dans un salon aristocratique, à Dive, où il a été applaudi avec fureur par les plus jolies duchesses et la fleur de la fashion. Cet artiste immense ne peut plus être comparé qu'à lui-même : grâce, énergie, noblesse, il réunit toutes les qualités que la nature avare partage d'ordinaire entre les grands musiciens. Tout le monde l'entourait avec empressement, lorsque, oppressé sous les étreintes de son génie, courbant son front pensif, il s'est retiré du salon au milieu des applaudissements. »

M. Bréville remercia M. de Morgenstein, qui lui dit :

— Cet air a eu beaucoup de succès l'hiver dernier. La princesse *** en était folle, la duchesse *** me l'a fait répéter jusqu'à trois fois ; mais ces gens du monde m'ennuient.

Quelques jours après le bal donné par M. Bréville, Bérénice et Pulchérie étaient allées se promener le long de la rivière de Beuzeval, et, sans y songer, elles s'étaient assises au pied du saule d'Onésime. Pulchérie était redevenue tout doucement la sœur de

Bérénice. Elle avait repris, avec les ménagements nécessaires pour ne pas choquer M. Malais, presque tous les costumes simples qu'elle avait portés pendant son enfance. Un observateur vulgaire n'aurait pas facilement reconnu la brillante comtesse ; mais Pulchérie aimait mieux être confondue avec les femmes et les filles des pêcheurs que de jouer aux yeux du monde le rôle de grande dame déchue.

— Eh bien! dit-elle à Bérénice, c'est donc dans quatre mois? Glam est un brave garçon qui te rendra heureuse et qui sait apprécier le trésor qui va lui être confié.

— Ce qui m'embarrasse le plus, dit Bérénice, c'est la noce... Glam veut qu'on fasse une noce... Jamais nous ne pourrons décider mon père et ma mère à se mêler à une assemblée de plaisir. Tu vois qu'ils ne sont pas consolés de la perte d'Onésime plus que le premier jour. Le deuil n'a pas quitté notre maison, on n'a plus souri à cette table, où deux places vides racontent sans cesse de si tristes histoires.

En effet, depuis le départ d'Onésime, et depuis surtout que le bruit de sa mort s'était accrédité, Pélagie servait comme autrefois le dîner de son mari sur la table, son couvert était mis comme de coutume; mais Tranquille prenait sa soupe et allait la manger dans un coin sur ses genoux. Pélagie et Bérénice en faisaient autant chacun de son côté.

Un jour, Tranquille dit à sa femme :

— Pélagie, il faut pourtant que ça finisse. Pourquoi, Bérénice et toi, ne mangez-vous pas à la table ?

— Si tu le veux, répondit Pélagie, je mettrai le couvert comme autrefois, et dès demain nous mangerons à table.

— Tu peux bien le mettre si tu veux, répliqua Tranquille, mais ce n'est pas moi qui y mangerai.

Depuis ce temps, on n'en avait plus parlé et on avait continué à manger chacun dans son coin.

— Et M. Malais? demanda Bérénice à Pulchérie.

— M. Malais n'est pas malheureux : je craignais pour lui une triste impression en voyant le château passer dans d'autres mains ; mais, au contraire, il s'arrange très-bien avec ce M. Bréville, qui semble croire avec une grande facilité tout ce que lui dit mon oncle, peut-être parce qu'il n'en entend pas la moitié, et admet sans observation tous les petits mensonges qu'il entasse pour ne pas avouer sa ruine, ruine, hélas! dont je ne puis parler sans une douleur respectueuse, car j'en suis la cause et l'origine. Quel malheur, ma bonne Bérénice, pour eux et pour nous tous, que mon oncle et ma tante ne m'aient pas oubliée un peu plus longtemps! Ils n'auraient pas perdu leur fortune; moi je n'aurais pas subi de si rudes épreuves ; nous ne nous serions jamais quittés.

— Tu aurais épousé Onésime, qui serait resté au milieu de nous, au lieu d'être mort désespéré et déshonoré...

Après un moment de silence, Bérénice reprit :

— Le maître du château fera bien d'être riche, car il a la réputation déjà d'être facile à tromper. On prétend que c'est l'homme le plus crédule du monde.

A ce moment, M. Bréville passait de l'autre côté du ruisseau et salua les deux amies. Il demanda à Bérénice des nouvelles de ses parents et de la pêche, puis il s'informa si le facteur de la poste était déjà passé, et, sûr sa réponse négative, il salua et descendit à Dive. Bérénice et Pulchérie parlèrent si longtemps d'Onésime et de leur enfance, que M. Bréville les retrouva à la même place une heure après, lorsqu'il remonta au château avec Épiphane Garandin ; mais, à la vue de ce dernier, elles disparurent dans les arbres et redescendirent à la maison de Pélagie par un autre chemin. Il était évident que c'était Epiphane qui, par ses révélations, avait entraîné la fuite, la condamnation et la mort d'Onésime, et elles ne pouvaient le voir sans horreur.

M. Bréville emmena Épiphane au château et lui dit :

— Vous nous avez, l'autre jour, donné un

échantillon de vos talents; mais j'ai besoin de vous pour quelque chose de plus sérieux. M. Garandin ; je m'occupe de sciences, et ce n'est pas sans raisons que j'ai fixé mon domicile au bord de la mer. Je m'occupe d'un grand ouvrage sur les huîtres ; j'ai déjà fait beaucoup de recherches, j'en ai encore davantage à faire. Vous avez une belle écriture, vous êtes intelligent, je ne vous crois pas très-occupé...

— Non, monsieur, et j'ai besoin de l'être... J'ai beaucoup perdu à la mort du meunier...

— Voici plusieurs fois que je vous entends dire que vous avez beaucoup perdu à la mort du meunier, et je ne comprends pas bien comment cela se peut faire. S'il vous devait de l'argent, il a laissé une magnifique fortune, qui, quoique sous le séquestre, peut payer les dettes de la succession.

— Monsieur, d'abord j'étais huissier. Le meunier faisait la banque ; il prêtait de préférence à des gens qu'il savait ne pouvoir pas payer à l'échéance des obligations ; cela amenait des *renouvellements* et des *intérêts* pour lui, et des *frais* pour moi. Ensuite je lui cherchais des affaires ; il me donnait quelque chose quand je lui amenais un emprunteur, et l'emprunteur, de son côté, me faisait un cadeau. Et puis... j'avais de temps en temps quelques *chapeaux*...

— Comment quelques chapeaux?... Le meunier vous donnait des chapeaux?

— Non pas lui... mais c'était à cause de
lui qu'on m'en donnait,... et c'était là le meilleur de mon revenu.

— Je ne comprends pas.

— Vous n'êtes pas Normand, monsieur?

— Non... je n'ai pas cet honneur.

— Alors vous ne pouvez pas me compren-
dre, c'est un mot du pays.

— Qui veut dire?

— Voici ce que c'est : on savait que je faisais les affaires d'Éloi Alain, et on savait surtout qu'il était très-riche. J'avais soin d'être
à l'affût des ventes qui se faisaient dans le
pays; mes divers métiers me rendaient la
chose facile. Le jour de la vente, je me pré-
sentais et j'annonçais l'intention d'enchérir,
soit sur une ferme, soit sur un lot de bois;
ma présence inquiétait les autres. On venait
me trouver :

« — Dis donc, Épiphane, me disait-on,
est-ce que tu veux de cela, toi?

« — Mais peut-être bien.

« — Cela ne vaut pas grand'chose.

« — C'est peut-être pour cela qu'on ne le
vendra pas bien cher.

« — Plus que tu ne crois; il y en a plusieurs qui enchériront, et cela pourra bien
monter un peu haut.

« — Tant mieux pour le vendeur...

« — Et jusqu'où iras-tu?

« — Vous verrez; on en a envie...

« — Oh! nous savons qui tu as derrière

toi... Eh bien! celui qui l'aura le payera
cher... Voilà ce que c'est que de ne pas s'entendre... Nous étions trois dessus, eh bien !
nous nous sommes arrangés... de sorte qu'on
couvrira à peine la mise à prix, et nous partagerons le bénéfice... Voilà que tu viens
tout déranger ; mais quand cela devrait nous
coûter quelque chose, si c'est toi qui l'as, tu
le payeras.

« — Cela m'est égal... ce n'est pas avec
mon argent.

« — Écoute, Épiphane, veux-tu un *chapeau* ?

« Je me faisais un peu prier ; je ne pouvais pas... il n'y avait pas moyen, tout ce
qu'il fallait enfin pour faire grossir le chapeau ; puis enfin je me laissais gagner ; j'ac-
ceptais le chapeau, et, quand venait le moment de l'adjudication, je mettais une ou
deux enchères insignifiantes, et j'abandon-
nais, de sorte que, moyennant un chapeau,
les acheteurs avaient les choses presque pour
rien.

— Mais vous ne m'avez pas expliqué le
mot *chapeau* ?

— C'est juste... Lorsqu'un testateur vous
donne un *diamant* de deux mille francs,
l'exécuteur testamentaire vous paye deux
mille francs dont vous achetez rarement un
diamant. Un *chapeau*, c'est à peu près la
même chose. Souvent en Normandie, pour
de petites gageures, on parie un *chapeau*.

Quand il s'agit de ventes peu importantes, et qu'on veut éloigner un concurrent, on lui propose un chapeau pour le désintéresser; on paye le plus souvent le chapeau en argent. Ainsi, *je vous gage un chapeau* signifie : je vous gage vingt francs. Eh bien! on est arrivé à donner des chapeaux de quinze cents francs, de dix mille francs, de cent mille francs, selon l'importance des affaires.

— Je vous comprends, dit M. Bréville; c'est ce qu'on appelle ailleurs un *pot-de-vin*, et ce que les voleurs nomment un *bouquet*. Et, ajouta-t-il se parlant à lui-même, les hommes ont pour l'argent la pudeur qu'inspire un amour sérieux. Ainsi ils évitent de le désigner par son nom ; les pauvres se servent d'un pronom ; ils disent : « *Je n'en ai pas, j'en dois,* » sans oser prononcer le mot argent, tant c'est pour eux une divinité redoutable. Les autres disent « *diamant, pot-de-vin, chapeau ;* » quelques-uns demandent des *épingles* pour leur femme. Et il suit de là, reprit-il, M. Épiphane, que vous n'êtes pas très-occupé, et que vous ne seriez pas fâché de l'être.

— Si on me pensait employé par vous, monsieur, je gagnerais bien quelques chapeaux par-ci, par-là ; mais quand on me croit livré à mes seules ressources, on ne tombe pas dans le piége.

— Ce n'est pas dans ce sens-là que je

compte vous employer : j'ai besoin de vous pour mon *Essai sur les huîtres.*

— J'en ai mangé, monsieur, mais je n'en sais pas davantage.

— Je n'ai pas besoin que vous en sachiez davantage ; il s'agit seulement de mettre mes recherches en ordre, et de recopier les notes que je prends. Du reste, M. Garandin, mon *Essai sur les huîtres* est un ouvrage sérieux qui sera lu à l'Académie des sciences ; je travaille lentement, parce que je ne veux rien avancer qu'accompagné de preuves. Savez-vous le grec, M. Garandin ?

— Non, monsieur ; je l'ai montré, mais je ne le sais pas.

— Vous savez peut-être le lire et l'écrire ?

— Oui, monsieur, du moins à peu près.

— C'est assez : il ne s'agit que de quelques étymologies ; mais, je vous l'ai dit, je travaille lentement, deux lignes quelquefois me coûtent huit jours de recherches préalables ; il faudrait que je vous eusse toujours sous la main.

IX

Il se passa encore un an sans qu'il se fît de grands changements dans la situation de nos

personnages. Bérénice allait épouser le fils
de Pacôme Glam. Pacôme Glam était mort il
y avait quelques mois, ce qui avait nécessairement retardé le mariage. Quant à M. Bréville, il avait sa réputation complétement
faite, et cette réputation était celle d'un
homme parfaitement sourd et un peu niais,
à qui l'on peut tout dire et tout faire accroire.
Désirée était femme de charge à Beuzeval, et
M. et madame Garandin avaient fini par venir
y demeurer. Épiphane travaillait énormément pour M. Bréville, dont les recherches
prenaient des proportions tout à fait formidables. Il est vrai qu'un volume d'extraits,
fait par maître Épiphane Garandin, ne donnait, en résumé, que quelques lignes à l'ouvrage du nouveau propriétaire de Beuzeval.
Tout portait à croire que cet ouvrage dure-
rait autant que la vie de l'auteur et que celle
de son secrétaire. Désirée d'un côté, et les
Garandin de l'autre, passaient pour piller
M. Bréville sans aucune mesure.

La belle saison ramena les baigneurs, et
M. Bréville donna quelques fêtes. La bonne
intelligence qui avait régné jusque-là entre
Désirée et madame Garandin ne put pas
durer plus longtemps. Désirée voulait domi-
ner dans la maison ; madame Garandin oppo-
sait quelque résistance. Garandin, quand
survenait une discussion, donnait tort à sa
femme ; mais celle-ci finit par lever l'éten-
dard de la rébellion et méprisa les injonc-

tions d'Épiphane. Quelques personnes trouvaient que M. Bréville ne faisait pas tout ce qu'il aurait pu pour faire régner la paix dans la maison ; on aurait pu croire que ces bavardages et ces récriminations, qu'on appelle *potins* en Normandie, d'où le verbe *potiner*, l'amusaient singulièrement ; il écoutait séparément les plaintes et semblait irriter les adversaires les uns contre les autres au lieu de les concilier, ce qu'on affirmait être la marque d'un petit esprit.

On était dans le cabinet de travail de M. Bréville ; il était entouré de livres et dictait à maître Épiphane Garandin, tout en entremêlant ses doctes élucubrations de dialogues plus familiers.

— Y êtes-vous, maître Garandin ?

— Oui, monsieur, j'y suis.

— Très-bien ! Écrivez : « Huître, en latin *ostreum* ; en grec ὄστρεον. Ménage affirme qu'on a dit en français des *oistres* avant de dire des huîtres. » Il serait bien intéressant, M. Garandin, de pouvoir suivre ce mot ὄστρεον, *ostreum*, oistres, huîtres, dans ses diverses transformations. Ce sera l'objet de recherches ultérieures. Vous me disiez que vous aviez donné des leçons de grec, c'étaient sans doute des leçons particulières ; car on n'enseigne pas le grec dans les écoles communales.

— Oui, monsieur, je donnais pendant les vacances quelques leçons à un fils de M. Malais, l'ancien propriétaire de Beuzeval, mais ce jeune homme est mort prématurément.

— Est-ce que vous étiez encore instituteur lors de la mort du meunier, mort dont on a tant parlé et dont on parle encore de temps en temps dans ce pays?

— Non, monsieur, j'étais huissier.

— Très-bien ! Écrivez : « Pendant long-temps, les Romains ne mangèrent que les huîtres du lac Lucrin, ils en tirèrent ensuite de Brindes et de Tarente, puis enfin les seules estimées furent les huîtres de l'océan Atlantique. L'huître est un coquillage bivalve; l'écaille de l'huître est d'une figure presque ronde, ordinairement épaisse, raboteuse, inégale... » On a dit que vous aviez été témoin à charge dans l'affaire?

— Quelle affaire?

— Mais l'affaire du meunier.

— Oui, monsieur.

— L'assassin était le fils d'un pêcheur d'ici ?

— Oui, monsieur, c'était le fils de Risque-Tout.

— Et il s'est, je crois, sauvé de prison?

— Oui, monsieur, et depuis on l'a dit mort.

— On m'a assuré qu'il l'était. J'ai eu quelques détails à ce sujet quand j'ai acheté Beuzeval, parce que Beuzeval était hypothéqué par le meunier, et que son héritier était ce... comment l'appelez-vous ?

— Qui, monsieur ?

— L'assassin.

— Oh ! l'assassin, il s'appelait Onésime Alain.

— Je vous croyais bien avec Désirée, M. Épiphane ?

— Mais je ne crois pas que nous soyons bien mal ensemble, monsieur.

— Elle ne parle pas de vous comme on parle d'un ami, elle médit surtout de madame Garandin. J'ai dû lui imposer silence hier ; elle trouvait mauvais que votre femme eût un bonnet neuf.

— Désirée est à son aise et elle est un peu fière, quoiqu'il n'y ait pas de quoi. Ce qu'elle a, elle ne l'a pas volé. Le vieux meunier, avec qui elle est restée longtemps, la faisait pleurer plus souvent qu'à son tour. Il n'y avait personne d'aussi manant quand il avait bu.

— Que voulait-elle dire en s'écriant : « Madame Garandin porte son bonnet trop haut ? »

— Je ne sais pas, monsieur. Peut-être veut-elle par là l'accuser d'un peu de vanité. Un bonnet neuf pour une femme de cette classe-là, monsieur, car la mienne ne vaut guère mieux que Désirée, c'est une couronne ; celles qui l'ont en sont aussi fières, celles qui le voient en sont aussi jalouses. Après ça, Désirée n'a pas tout à fait tort. Madame Épiphane obéit un peu trop à ses caprices ; quelquefois elle oublie que nous sommes de pauvres diables, et on la prendrait pour la femme

d'un négociant ; mais de temps en temps j'y
mets bon ordre.

— Écrivez : « Macrobe dit qu'on servait
toujours des huîtres sur la table des pontifes
romains. Apicius avait un moyen de conserver les huîtres qui n'est pas venu jusqu'à
nous ; il en envoya d'Italie en Perse à l'em-
pereur Trajan, et à leur arrivée elles étaient
aussi fraîches qu'au départ. Quant aux qualités des huîtres... » Racontez-moi donc l'histoire de cet assassinat...

— Cela n'a rien de bien curieux, monsieur ; Onésime Alain avait rendu un service
à son cousin Éloi, celui-ci l'avait mis sur son
testament. Il lui laissait sa fortune, mais il ne
lui donnait pas un sou de son vivant. Onésime s'était cependant habitué à se croire
riche ; il dépensait de l'argent, il faisait des
dettes. Il paraît qu'un jour, poussé à bout, il
lui demanda de l'argent. Le cousin en refusa,
ils se querellèrent. On vit Onésime s'enfuir
par une fenêtre, et on trouva Éloi étranglé.

— Et on n'a pas soupçonné un complice ?

— Rien n'indiquait des complices. D'ailleurs, les charges contre Onésime étaient
suffisantes ; sa fuite a été prise pour un aveu
par les gens sensés. Moi, j'en savais davantage. La famille m'en veut de l'avoir accusé ;
mais il n'en est pas moins vrai que j'ai beaucoup aidé à le sauver.

— Ah ! vraiment !

— Je l'avais connu tout enfant. Cela me

fendait le cœur de déposer contre lui. Enfin, quand on vous a fait faire serment de dire *toute la vérité*, il faut bien la dire : j'ai dit ce que je savais ; mais, quand il s'est agi de le faire évader, je l'ai conduit jusqu'à une barque qui devait le transporter en Angleterre. C'est alors qu'il m'a remercié, qu'il m'a embrassé et m'a tout avoué. Seulement il m'a toujours dit que c'était le meunier qui avait frappé le premier. C'est possible, parce qu'Éloi Alain, de son vivant... son fort n'était pas la patience ; mais ce n'était pas une raison pour l'étrangler.

— Parfaitement raisonné... Nous laisserons là pour aujourd'hui mon *Essai sur les huîtres.*

. . . .

M. Bréville à M. Edmond *, au Jardin des Plantes, à Paris.**

« Mais, mon cher ami, vous êtes par trop avare de votre science. Vous ne m'envoyez rien, et me voici arrêté au milieu d'une phrase dans mon *Essai sur les huîtres...* Ne perdez pas un instant pour m'envoyer la suite. Tout à vous.

« Toujours à M. Bréville, au château de Beuzeval, près Dive.

. . . .

— Madame Désirée, dit un matin M. Bréville, venez faire les comptes de la maison. Ah! ma chère dame, ajouta-t-il, pourquoi depuis trois jours ne me faites-vous plus manger de poisson ?

— Par une raison toute simple, monsieur, répondit Désirée : c'est que les pêcheurs ne sont pas sortis à cause du mauvais temps.

— C'est bien singulier, ma chère dame ; M. Épiphane Garandin, à qui je confiais, je ne vous le cacherai pas, que vous me priviez de poisson, me disait, il n'y a pas une demi-heure, que les bateaux étaient revenus pleins.

— M. Épiphane devrait bien se mêler de ce qui le regarde.

— C'est ce que je lui ai dit quand il a voulu aller plus loin... Je vous croyais bien ensemble, madame Désirée.

— Comment, monsieur, est-ce qu'il s'est permis de parler de moi sans respect?

— Et aujourd'hui, avez-vous du poisson à me donner?

— Pardon, monsieur, mais je donnerais tout au monde pour savoir ce qu'il a dit de moi, ce...

— Si vous pouviez avoir une belle sole au gratin...

— Au nom du ciel, M. Bréville, que vous a-t-il dit?

— Rien qui vaille la peine d'être répété, ma chère madame Désirée, des niaiseries... ce que vous appelez ici des *potins*.

— Il sied bien à une pareille espèce de se permettre de parler de moi !

— Calmez-vous, madame Désirée, M. Garandin n'a rien dit qui puisse porter atteinte à votre honneur.

— A mon honneur ! jour de Dieu ! il n'oserait pour sa vie ; mais je ne veux pas qu'il se permette jamais de parler mal de moi.

— Ah ! mon Dieu ! voici maître Épiphane, ma chère madame Désirée ; soyez prudente, je vous prie. Je suis très-occupé au dehors, il faut que je le charge de faire mes comptes avec vous. J'espère que vous n'allez pas vous emporter et que vous ne lui parlerez de rien... M. Épiphane, obligez-moi de faire mes comptes avec madame Désirée.

Et M. Bréville sortit de la chambre, où il laissa madame Désirée et Épiphane se mesurant des yeux et attendant qu'il se fût éloigné pour commencer les hostilités.

— Je suis contente de vous rencontrer, M. Garandin, commença Désirée quand elle vit fermée la porte par où était sorti M. Bréville.

— Et moi, je vous cherchais, madame Désirée, répliqua Épiphane.

— Il faut que vous soyez bien effronté, M. Garandin...

La conversation, ainsi entamée, promettait d'être assez chaude, et il est probable que M. Bréville, malgré sa surdité, s'arran-

gea pour en entendre la suite ; ce qui justifie
singulièrement l'accusation que dans le pays
on portait volontiers sur lui. « M. Bréville
aime à *potiner*, disait-on, mais on n'est pas
parfait, car, à part ce léger défaut, c'est bien
l'homme le meilleur, le plus doux, le plus
facile à attraper qu'on puisse rencontrer. On
lui fait payer tout trop cher, ce qui n'empêche pas le plus souvent de le lui faire payer
deux fois. On fait des fagots dans ses bois, on
mène paître les bestiaux dans ses prés ; il en
est encore à le trouver mauvais. Il donne des
fêtes, il fait travailler, il ne refuse pas dans
l'occasion un secours à un malheureux. Seulement il veut tout savoir ; mais enfin, si
c'est son plaisir, à cet homme... D'ailleurs,
il n'est pas le seul. »

. . . .

M. Edmond * à M. Bréville, au château de
Beuzeval, près Dive.**

« MON CHER AMI,

« Je m'empresse de vous envoyer tout ce
qui existe sur le mollusque auquel vous
portez un si vif intérêt. Tous les traités sur
l'éducation des huîtres ne comprennent jusqu'ici que l'art de les engraisser au moyen
d'une maladie qu'on leur procure par un
mélange progressif d'eau douce. Quel que
soit votre projet, mon cher ami, je mets à

votre disposition le peu que je sais et même davantage, car il se trouve dans les divers traités que j'ai réunis pour vous, non-seulement des choses que je ne sais pas, mais d'autres aussi dont je ne crois pas un mot.

« J'espère encore, à la fin de cet automne, aller vous aider à manger vos élèves.

« EDMOND ***. »

Hubert à M. Bréville, au château de Beuzeval, près Dive.

« MON CHER AMI, MON PÈRE,

« Je donne cette lettre à un navire qui sera en France avant moi, mais qui ne me précédera que d'un mois à peu près. Mon premier voyage comme capitaine a surpassé toutes les espérances que les armateurs et moi nous avions pu concevoir : le navire s'est comporté à la mer comme un poisson; mais celui-ci n'a pas été aussi favorable; nous avons essuyé une affreuse tempête, nous avons été démâtés, et enfin obligés d'abandonner le navire. Je puis dire qu'il n'y a rien à me reprocher, et le témoignage de l'équipage et des passagers en a tellement convaincu les armateurs, qu'ils m'ont déjà écrit pour m'offrir le commandement d'un autre navire. Celui que nous n'avons pu empêcher de se perdre était assuré.

« Après que nous eûmes abandonné notre

malheureux bâtiment, nous avons erré pendant un jour et une nuit dans notre chaloupe, sur la mer en fureur. J'ai fait à la Vierge un vœu que j'ai promis d'accomplir dans l'église de Dive ; tous mes hommes ont promis avec moi.

« A peine ce vœu était-il fait, que le ciel, qui semblait de plomb, s'est entr'ouvert pour nous laisser voir comme une tache bleue. Un des matelots s'étant écrié : « Voilà une fenêtre « ouverte au ciel ! le bon Dieu nous regarde ! » nous nous sommes sentis pris d'un grand courage et d'une grande confiance dans l'intercession de la Vierge. En effet, vers le milieu de la seconde journée, nous avons rencontré un navire qui nous a recueillis et nous ramènera bientôt en France.

« Quel beau jour ce sera, mon cher ami, mon cher bienfaiteur, que celui où, à la tête de mon équipage, j'accomplirai dans l'église de Dive le vœu que j'ai fait à la Vierge !

« Je ne vous dis rien de plus aujourd'hui. Cette lettre, confiée à un homme que je ne connais pas, pourrait, par des circonstances imprévues, ou ne pas vous parvenir, ou tomber en d'autres mains.

« Adieu, mon cher, mon excellent ami. A bientôt, je l'espère. Comment reconnaîtrai-je jamais toutes les bontés que vous avez eues pour moi ? A vous de tout cœur. Vous me dites qu'il va y avoir une noce ; j'aurai bien du mal à ne pas y être.   « HUBERT. »

M. Bréville ne répondit que deux mots à la lettre de Hubert : « Ne t'en avise pas. » Hubert ne reçut pas ce billet, qui fut perdu.

. . . .

— Ah! madame Garandin, dit un jour M. Bréville à la femme de son secrétaire, pourquoi ne mettez-vous donc plus un superbe collier que je vous ai vu une fois et que je ne vous ai plus revu depuis? Ce collier vous allait réellement fort bien.

— Oh! mon Dieu, répliqua madame Garandin à M. Bréville, c'est Épiphane qui ne veut pas que je me pare de mes beaux *morceaux*. Il me l'a assez dit le jour que je n'ai pas eu le temps d'ôter ce collier avant d'aller vous ouvrir. Si je l'en croyais, je serais toujours affublée comme une mendiante.

Et elle montra à M. Bréville toute sa *coffrée*, c'est-à-dire son armoire, son linge, ses habillements, ses bijoux.

— Mais à quoi me servent ces *morceaux*, dit-elle en soupirant, puisqu'on ne me permet pas de les mettre jamais ni de m'en parer même les jours de fête?

— Sans étaler trop de bijoux ni de riches étoffes, madame Garandin, vous pourriez, ce me semble, tenir votre rang, car enfin votre mari a été instituteur et même huissier. Voici, par exemple, une petite robe à laquelle, à votre place, je voudrais faire prendre l'air de temps en temps. Une robe toujours renfermée! ça se fane, ça se passe! Je comprends bien que les jours ordinaires, chez vous ou aux bains, vous vous habilliez de la façon qui vous semble la plus commode ; mais quand le dimanche, par hasard, vous allez à la messe, pourquoi mettez-vous un simple bonnet? Est-ce qu'autrefois vous ne portiez pas chapeau ?

— Oui, monsieur, c'est vrai ; mais dans ce temps-là, Épiphane était huissier, et la femme d'un huissier devait porter chapeau : c'était pour faire honneur à mon mari et à sa profession. Aujourd'hui, les temps sont bien changés, les temps sont bien durs.

— M. Épiphane Garandin est mon secrétaire aujourd'hui, madame, et je ne prétends pas qu'il se croie déchu pour cela. Je pourrais peut-être, si je le voulais bien, trouver des gens qui penseraient le contraire. Il ne faut pas se déclasser, madame Garandin.

Le dimanche suivant, madame Épiphane Garandin n'osa pas tout à fait mettre le fameux collier, mais elle se para de la petite robe qui, selon M. Bréville, devait lui aller si bien, et elle arbora le chapeau. M. Bréville était dans la salle à manger, à la fenêtre, et madame Désirée s'occupait à enlever le couvert du déjeuner, lorsque madame Garandin sortit pour aller à la messe.

— Ah ! par ma foi, s'écria M. Bréville, voici madame Garandin qui se peut flatter d'être parfaitement habillée. Cette robe lui va à ravir et lui donne tout à fait bon air. C'est que vraiment elle a la taille assez svelte.

Madame Désirée avait quitté la table et
s'était approchée de la fenêtre.

— Elle porte donc chapeau ordinairement ? demanda M. Bréville.

— Elle peut bien porter ce qu'elle veut,
dit madame Désirée ; bonne renommée vaut
bien mieux que ceinture dorée. Et pourtant
je n'aurais qu'un mot à dire ! Un chapeau,
bon Dieu ! Elle en portait autrefois, quand
elle était huissière ; mais j'espérais pour elle
que ça lui avait passé de faire la grande dame :
il paraît que ça ne va pas mieux.

— Madame Garandin aurait-elle donc fait
parler d'elle ? demanda M. Bréville. Toujours
est-il qu'elle a vraiment l'air comme il faut
ainsi habillée, et je n'avais jamais remarqué
qu'elle a de fort beaux yeux.

Les éloges de M. Bréville finirent par
porter l'exaspération de madame Désirée au
plus haut degré, si bien qu'elle demanda son
congé à M. Bréville. Comme elle avait de
quoi vivre, grâce aux libéralités de son ancien maître, elle disparut tout à coup, et
l'on n'entendit plus parler d'elle.

Le moment de la noce de Bérénice et du
fils Glam approchait. Pélagie avait dit doucement qu'elle désirait qu'il n'y eût pas de fête.
Certes elle souhaitait le bonheur de sa fille et
elle le ressentait vivement, mais elle ne prendrait sa part d'aucun plaisir ; d'ailleurs, un
peu de gravité ne messeyait pas au bonheur.

Pour Tranquille, il dit plus sévèrement qu'il ne voulait pas de noce; Bérénice était dans les mêmes dispositions ; seuls, le fils Glam et ses amis murmuraient tout doucement. Cependant tout le monde comprit qu'il fallait respecter la douleur de la famille Alain. On décida qu'il n'y aurait pas de noce, et que tout se bornerait aux cérémonies de l'Église.

— Le bonheur, disait Pélagie, ne peut plus être notre hôte. Le fils qui faisait notre joie, et peut-être aussi trop notre orgueil, est devenu notre désespoir et notre honte. Pour qu'un bonheur vienne s'asseoir à notre foyer, il faut qu'il se déguise et n'ait pas d'habits de fête.

— Oui, dit Pulchérie, le souvenir de nos chers morts doit se mêler à tout. Il ne nous manquerait plus que de nous consoler, c'est-à-dire de les voir mourir dans notre cœur comme ils sont morts sur la terre ! Oh ! non ; heureusement qu'on ne se console pas.

Tranquille voulut que la veille du mariage on dît à l'église une messe pour Onésime.

Pulchérie alla au cimetière pour prier sur les tombes de sa tante et de son enfant. Il y avait alors sur un pilier de la porte du cimetière de Dive une inscription qu'on a effacée depuis, et qui avait sans doute été tracée autrefois par quelque voyageur :

La vie est un sursis à l'arrêt du trépas.
Tous ces morts ont vécu; toi qui vis, tu mourras.

En sortant du cimetière, Pulchérie alla se promener seule sur le bord de la mer, qui était basse et qui commençait à remonter. Elle resta livrée à une profonde rêverie, et, lorsque Bérénice qui la cherchait finit par l'apercevoir, elle traçait presque sans y songer, avec le bout de son petit pied, sur le sable de la mer quelques lettres qu'une lame ne tarda pas à venir effacer, mais pas assez vite cependant pour que Bérénice ne pût lire le nom d'Onésime.

— Oh! Pulchérie, dit-elle, tu penses donc à lui?

— Oui, dit Pulchérie. J'ai retrouvé depuis longtemps déjà mon cœur d'alors. D'ailleurs, n'est-ce pas pour moi qu'il s'est sacrifié? Toute sa vie n'a-t-elle pas été un long dévouement, depuis le jour où, tout enfant, il a failli mourir de froid pendant cette nuit où nous nous étions égarés sur la mer? Ce n'est pas d'aujourd'hui que je me suis reproché la légèreté qui m'a fait méconnaître ce cœur sublime. Maintenant qu'il n'est plus qu'une âme, je vois cette âme dans toute sa beauté. Nous attristons tous ton jour de noce, ma pauvre Bérénice!

— Le sérieux va bien au bonheur, et la tristesse ne lui messied pas autant que cette grosse joie qui règne d'ordinaire dans les fêtes de mariage. D'ailleurs, après tout ce qui est arrivé dans notre malheureuse famille, ce que les autres appellent bonheur, nous ne pouvons guère l'appeler que consolation.

La cloche *sonnait au mort,* comme on dit à Dive. La famille Alain, dans laquelle il faut compter Pulchérie, se rendit à la messe en vêtements de deuil ; le fils Glam y accompagnait Bérénice ; quelques autres amis s'étaient joints à eux. La cérémonie eut lieu avec un grand recueillement. Au moment où le prêtre finissait l'hymne *Dies iræ, dies illa,* une voix répondit : « *Amen !* » à l'entrée de l'église. Quelques personnes se retournèrent et aperçurent un homme pauvrement vêtu et étranger à la paroisse, qui ne se vit pas plus tôt l'objet de l'attention générale qu'il sortit de l'église et disparut.

X

D'autres événements se passaient à Dive. Le grand pianiste, M. de Morgenstein, avait retrouvé aux bains madame la vicomtesse du Mortal et sa fille ; ils avaient fait ensemble de la musique et quelques petites excursions. M. de Morgenstein avait fini par avouer sa flamme ; la jeune personne avait laissé voir quelque sensibilité et en avait référé à sa mère. Madame la vicomtesse avait demandé un peu de temps pour se décider ; mais de

ce moment sa bienveillance pour M. de Morgenstein s'était accrue si visiblement, que
l'affaire avait paru arrangée, et que leur
existence était devenue presque commune.
Cependant M. de Morgenstein ne laissait pas
d'avoir quelques inquiétudes, et son ciel
n'était pas précisément sans nuages. Après
de longues méditations, il résolut de sortir
d'embarras par un coup hardi.

Mademoiselle du Mortal et sa mère ache-
vaient toutes deux leur toilette et s'entre-
tenaient, de leur côté, d'un sujet qui les tra-
cassait également un peu.

— Mais enfin, maman, disait la jeune
personne, comment sortirons-nous de l'embarras où nous jette ta manie de te créer
vicomtesse de ta propre autorité? Que pensera Adalbert quand il apprendra que nous
ne sommes point nobles et que nous nous
appelons simplement madame et mademoiselle Dumortal?

— A quoi lui sert un nom que tu dois
perdre en lui donnant ta main?

— J'ose espérer, dit mademoiselle Claire
en baissant les yeux, que ce n'est pas là seulement ce qu'il aime en moi; mais sa famille,
cette famille si fière de son blason, dont il
ne nous parle plus depuis quelque temps,
peut-être parce qu'il craint que même la
noblesse que tu as inventée ne soit insuffi-
sante, savons-nous ce qu'elle pensera de ce
changement dans notre position sociale?

— Je ferais, à ta place, bien peu de cas d'un amour qui ne saurait pas triompher et de ce ridicule orgueil des castes et de l'injustice tyrannique de parents aveuglés par la vanité.

— Alors pourquoi nous être parées de ces titres que tu méprises si souverainement? Certes si, m'ayant toujours connue ce que je suis, c'est-à-dire la fille de bons et simples bourgeois, Adalbert eût renoncé à moi pour cela, je ne lui aurais pas fait même l'honneur de le regretter ; mais ici c'est bien différent, il a le droit de nous accuser de fourberie.

— Allons, allons, tout s'arrangera.

— Et quand il saura que je n'ai pas de dot ?

— Comment, pas de dot ! Mais n'est-ce rien qu'un trousseau magnifique, qu'un appartement chez moi, que la table pour les deux époux? N'est-ce rien que mes relations? Crois-tu donc que l'homme qui t'aime ait l'âme si intéressée ?

— Non, ma mère, non ; Adalbert a le cœur mieux placé ; mais sa famille n'a-t-elle pas dû concevoir pour son établissement de plus hautes espérances? Et, si elle passe par-dessus le défaut de noblesse, ne s'attendra-t-elle pas à une compensation en argent? Il faut absolument s'expliquer avec Adalbert. Chaque jour cet aveu devient plus difficile, et chaque jour je suis plus honteuse de ne pas l'avoir fait encore.

A ce moment, on apporta une lettre pour ces dames de la part de M. de Morgenstein. Madame du Mortal se hâta de l'ouvrir ; elle contenait ces mots :

« Madame la vicomtesse, et vous, trop adorée Claire,

« Je ne puis attendre plus longtemps pour vous faire un aveu nécessaire ; mais je n'en subirai pas la honte. Je vais en finir avec la plus cruelle destinée. La mort va venir mettre un terme à une vie depuis longtemps décolorée. Oui, le ciel, qui m'avait donné l'aristocratie de l'âme, et, — oserai-je le dire ? — celle du talent, m'a, par un odieux et cruel sarcasme, fait naître dans une classe dont m'éloignent et mes goûts et mon organisation. Je ne suis pas noble ! ou du moins je ne le suis que par les sentiments. Pourquoi ne puis-je sur les champs de bataille conquérir une couronne de duc et la déposer à vos pieds ? Mais que faire en ces temps prosaïques, sinon s'élever par les dons de la nature ? sinon devenir comte par le talent et prince par le génie ! C'en est fait ! je ne veux pas m'exposer aux dédains d'une race orgueilleuse. Pendant que vous lisez cette lettre, je charge les pistolets, et, comme Werther, j'abandonne cette vie trop étroite pour mon âme.

« Adieu, madame la vicomtesse ; adieu, Claire, adieu ! »

— Oh! mon Dieu! courons, ma mère, s'écria la jeune fille ; sauvons-le s'il en est encore temps.

— Il en est parfaitement temps, répondit froidement madame du Mortal. Tout ceci veut simplement dire que M. de Morgenstein ne s'appelle pas M. de Morgenstein, et n'est noble que de sa façon.

— Eh bien! ma mère, tant mieux... Mais allons.

— Tout de suite.

— Mais s'il était trop tard?

— Il ne sera pas trop tard. Je me demande seulement si ce mariage peut encore me convenir.

— Ah! ma mère, ne serons-nous pas indulgentes pour une supercherie dont nous sommes coupables nous-mêmes?

— Ceci n'est pas une raison ; mais on peut faire quelque chose de ce jeune homme. Il ne manque pas d'entregent ; on le poussera avec les journaux; comme disait un homme très-habile de ce temps-ci : « Prenez rien du tout, faites-le beaucoup annoncer, et vous en vendrez immensément. »

— Mais, ma mère, par pitié. Quand je devrais me perdre, je cours à sa chambre.

— Ce pauvre garçon, vous ne lui laisserez pas le temps de charger ses pistolets. Allons, laissez-moi parler, ou tout est rompu.

Claire précéda sa mère en courant. Il n'y

avait qu'un corridor à traverser pour arriver à la chambre de M. de Morgenstein ; elle frappa avec violence, une voix faible répondit :

— Entrez.

Pendant ce temps, madame du Mortal avait rejoint sa fille, et c'est elle qui ouvrit la porte en disant :

— Ah ! la clef est sur la porte ; la mise en scène est médiocre.

On trouva Adalbert debout, deux pistolets sur une table.

— Adalbert ! s'écria mademoiselle du Mortal, qu'alliez-vous faire?

— Infortuné jeune-homme ! dit madame du Mortal. Heureusement nous n'arrivons pas trop tard. Renoncez à ce fatal projet ; ma fille est à vous.

Adalbert se précipita sur une main de madame du Mortal et la couvrit de baisers; en se relevant, il rejeta ses cheveux en arrière, absolument comme au piano.

— Comme il est pâle ! dit madame du Mortal.

Et Adalbert, très-étonné d'être pâle, faisait toutes sortes de manœuvres pour se voir dans une glace.

— Laisse-nous, Claire, ajouta la vicomtesse ; je vais faire un tour de promenade et causer avec lui.

Claire sortit en échangeant un long regard avec M. de Morgenstein. Madame du Mortal prit le bras d'Adalbert, et ils allèrent au bord de la mer.

— Voyez un peu le beau malheur! Parce que vous n'êtes pas noble, faut-il donc mourir? Les vertus que l'on a soi-même ne valent-elles pas celles qu'ont eues nos aïeux? Croyez-vous que ma fille se contenterait de la preuve qu'il y a eu sous Philippe le Bel un Morgenstein très-aimable et très-bien fait? N'aime-t-elle pas mieux que vous soyez tel vous-même? Le cœur n'est pas si bête qu'on le dit, et il a souvent raison. Que fait un *de* ajouté devant un nom? Ces deux lettres ont-elles donc un charme magique qui rend un homme plus beau, plus noble, plus généreux, dites, Adalbert?

— C'est un sot et ridicule préjugé, reprit Adalbert.

— N'êtes-vous pas noble par le talent et le génie, noble par le cœur et par l'âme?

— Je le crois, madame.

— Croyez-vous que le *de* ajoute beaucoup de charmes à ma fille? Est-ce au *de* qu'elle est redevable de sa peau de camélia, de ses cheveux souples et épais, de sa taille fine et cambrée?

— Oh! non.

— Et vous-même, qu'est-ce que le *de* vous donnerait? Auriez-vous plus de verve, plus de rapidité? Était-ce pour ces deux lettres que Claire vous aimait? Est-ce pour cette syllabe que vous aimez Claire?

— Non, madame. Je voudrais, pour le prouver, être né sur le trône et que Claire fût une simple bergère.

— Adalbert, voilà la véritable noblesse ; elle est dans les sentiments. Eh bien ! voyons, que penseriez-vous de vous-même si ce que vous disiez tout à l'heure venait à se réaliser? si vous, né sur le trône, vous refusiez la main de Claire, simple fille des champs ?

— Ah ! madame, je serais le plus lâche des hommes. Je vous le répète, je voudrais qu'elle n'eût ni titre ni naissance.

— Soyez donc heureux. Claire n'est pas plus noble que vous.

— C'est pour m'éprouver que vous parlez ainsi...

— Non, vraiment... C'est mon mari qui avait pris ce titre. A mes yeux il ne valait même pas l'honneur d'être quitté. D'ailleurs, cela jette de la poudre aux yeux des imbéciles. Aux philosophes, aux gens distingués, on montre par quoi l'on est vraiment noble ; au vulgaire, on se contente de jeter un titre.

— Mais, madame... c'est que je ne suis pas plus riche que je ne suis noble.

— Qu'est-ce que cela fait ?

— Ah ! madame...

— Si vous n'êtes pas riche, vous le deviendrez. Tenez, Adalbert, voici assez longtemps que nous jouons la comédie ; je vais vous parler franchement, et ne vous avisez pas de continuer votre rôle avec moi. Vous n'êtes pas assez fort pour me tromper un instant au point où nous en sommes maintenant. Nous ne sommes pas plus riches que vous; mais j'exerce une industrie qui à la fois me donne une position et me permet de vivre dans le monde : j'écris dans certains journaux d'une manière productive. Vous avez ce qu'on appelle pour le moment du talent, ou du moins vous passez pour en avoir : cela suffit. Presque tous ceux qui ont aujourd'hui le plus de succès et gagnent le plus d'argent n'en savent et n'en font pas plus que vous. Le monde et les femmes surtout vous aimeront bien plus pour le talent qu'on vous trouvera que pour celui que vous aurez réellement. Vous n'êtes pas musicien ; vous tapez très-vite sur les touches noires ou blanches d'un piano ; vous prenez des airs inspirés en répétant un passage pour la centième fois, chose d'ailleurs purement mécanique que l'inspiration vous rendrait tout à fait impossible. Vos manières désolées sont une imitation ; mais ce n'est pas mal imité, et cela réussit...

— Madame...

— Attendez un peu. Je suis répandue dans un certain monde ; je dispose des journaux auxquels vous savez avoir recours dans l'occasion. On vous connaît déjà, mais je vous ferai une grande réputation. Nous gagnerons de l'argent, nous vivrons très-heureux tous trois. Vous continuerez au dehors votre rôle, comme moi je joue le mien. Qui est-ce qui ne joue pas un rôle? Par exemple, votre suicide a été très-mal joué. Si vous donnez jamais une seconde représentation, je ferai la critique de la première et vous réussirez mieux. Je ne reçois votre suicide qu'à correction.

— Je vous jure, madame...

— Ne jurez pas ; je laisserai Claire croire au suicide. Soyons amis; je ferai quelque chose de vous ; mais plus de comédie. Si vous me trompiez, ce ne serait pas pour long-temps, et je ne pourrais vous être bonne à rien. Dites-moi la vérité, n'importe laquelle, et j'en tirerai parti.

Cette vérité, on la devine : c'est que l'origine de M. de Morgenstein était des plus humbles, et que l'illustre pianiste n'avait pour père qu'un obscur ouvrier. Madame du Mortal n'en voulut pas savoir davantage, et cet aveu termina l'entretien.

. . . .

M. Edmond * à M. Bréville, au château de Beuzeval, près Dive.**

« Je suis en route pour Beuzeval, mon cher ami, mais je vous amène un hôte bien maussade. Il m'est arrivé l'aventure la plus déplorable qui se puisse imaginer.

« J'étais allé voir des amis à Lisieux ; ils

m'ont fait conduire jusqu'à Honfleur, où j'ai couché. Une voiture partait le matin pour Trouville. J'étais déshabillé et j'allais entrer dans mon lit, lorsque le garçon de l'hôtel vint me dire qu'on me priait d'envoyer ma malle dès le soir à la voiture, qu'on allait charger d'avance, parce qu'on partait le lendemain à cinq heures du matin. J'étais fatigué, j'avais sommeil ; je fis cependant ce qu'on me disait. Le garçon prit la malle, et moi je m'endormis d'un profond sommeil, qui ne cessa qu'à quatre heures et demie. On vint me réveiller pour le départ ; je me levai en toute hâte, je voulus m'habiller ; mes habits avaient disparu. J'appelai le garçon.

« — Je vais chercher vos habits, monsieur, me dit-il. On les aura portés dans la chambre où on brosse tous les habits de la maison.

« Dix minutes après, il revint me dire qu'il ne les avait pas trouvés. Je l'envoyai au bureau de la voiture pour la faire attendre, et je me remis à chercher avec l'aubergiste sous le lit, dans les tiroirs, partout. Le garçon rentra bientôt et me dit :

« — La voiture est partie ; je l'ai retenue plus de dix minutes, mais il a bien fallu la laisser partir.

« — Ah mon Dieu ! m'écriai-je alors, je sais où sont mes habits.

« — Et où cela, monsieur ?

« — J'étais fatigué hier soir, je tombais

de sommeil ; on m'a dit de faire ma malle,
j'ai très-bien plié et enfermé dedans le pantalon et l'habit que je venais de quitter.
Quand part-il une nouvelle voiture ?

« — Demain matin, monsieur.

« — Ce sera un jour de retard ; mais on
peut bien passer une journée à Honfleur...
Remontez-moi ma malle, je vais m'habiller.

« — Mais elle est en route, monsieur,
votre malle.

« — Comment ! en route ?

« — Oui , votre place était retenue , vous
la devez au voiturier ; il a dit qu'on vous
rendrait votre malle à Trouville contre le
prix de votre place.

« — Imbécile !

« — Pardon, monsieur, mais le voiturier a
raison ; il n'est pas juste qu'il perde le prix de
votre place, qu'il aurait donnée sans doute à
d'autres s'il ne vous l'avait pas réservée.

« — C'est bien de cela qu'il s'agit ! Mes
habits sont dans ma malle, et vous avez envoyé ma malle à Trouville. Me voici en che-
mise pour jusqu'à demain matin.

« — C'est désagréable, mais ce n'est pas
ma faute.

« J'entrai alors dans une telle colère que
je renversai les chaises et brisai un pot à
l'eau. L'aubergiste finit par me dire :

« — Monsieur, ma maison est une maison
honnête, dans laquelle on ne fait pas en six

mois le bruit que vous faites depuis une demi-heure.

« J'étais hors de moi, et je m'emportai en invectives. Il me dit :

« — Monsieur, obligez-moi de débarrasser ma maison d'un hôte aussi bruyant et aussi incommode, et cela tout de suite, ou je vais vous faire sortir au moyen de la garde qu'on va appeler.

« — Mais, sot que vous êtes, comment voulez-vous que je sorte dans l'état où je suis? Mon portefeuille est dans la poche de mon habit, ma bourse est dans celle de mon pantalon, tous deux sont sur la route de Trouville.

« — Alors, monsieur, dit l'hôte, comment allez-vous me payer?

« Je pensai à vous, je demandai si la poste était partie ; on me dit qu'elle ne passait qu'à deux heures ; c'est en l'attendant que je vous écris si longuement, mon cher ami. Cette lettre arrivera ce soir à Trouville ; vous ne l'aurez à Beuzeval que demain matin ; envoyez-moi promptement un homme avec de l'argent, des habits et une voiture.

« Tout à vous,

« EDMOND ***. »

. . . .

M. Bréville se mit en route à l'instant même pour aller au secours de son ami.

XI

Bérénice, dont la noce devait être célébrée le lendemain matin, se promenait depuis le coucher du soleil jusqu'à la nuit avec le fils Glam au bord de la mer, tous deux parlant de l'avenir.

— Mon père, disait Glam, a amassé quelque argent ; il est vieux, il me donnera son bateau, en se réservant un lot sur la pêche. Pour vous, Bérénice, vous laisserez là la dentelle ; vous aurez bien assez à raccommoder les filets ; il faudra aussi que vous continuiez à aider votre mère dans son ménage ; vos parents ne sont plus jeunes ; loin de leur ôter une si bonne fille, je veux remplacer pour eux un des fils qu'ils ont perdus. Ce pauvre Onésime, j'ai prié pour lui de bien bon cœur ce matin. Notre premier enfant s'appellera Onésime.

Bérénice devint toute rouge et demanda à rentrer. D'ailleurs il allait faire de l'orage ; les arbres frissonnaient sans qu'il fît de vent ; puis des bouffées subites venaient faire ployer les peupliers jusqu'à terre, et on retombait dans un calme pesant ; des éclairs, les uns d'un blanc bleuâtre, les autres d'un violet pâle, déchiraient la voûte noire et abaissée que formaient d'épais nuages ; aux éclairs succédaient des bruits de tonnerre, tantôt roulant sourdement, tantôt éclatant en sons aigus. Entre les coups de tonnerre, des fauvettes chantaient dans les arbres, et écartaient leurs ailes pour recevoir la pluie qui allait tomber.

Pulchérie, suivie de Mopse, avait remonté la rivière de Beuzeval, et était allée s'asseoir sous le saule d'Onésime ; elle se laissait bercer à des rêveries qui faisaient passer devant elle les fantômes de ses journées écoulées ; mais bientôt, voyant le jour presque fini, elle se disposa à redescendre à Dive, d'où elle comptait se faire reconduire à Cabourg par quelqu'un du village. Cependant elle voulut passer par Beuzeval, où son existence avait changé si complétement. Déjà elle n'était plus qu'à quelques pas du château, quand elle rencontra Épiphane qui allait y rentrer. Mopse grogna en montrant ses dents blanches et aiguës. Épiphane salua Pulchérie, et lui offrit, si elle avait peur, de l'accompagner jusqu'à Dive ou jusqu'à Cabourg.

— Vous voyez, dit-elle en montrant Mopse, qui, le poil hérissé, continuait à le regarder en grognant, que j'aurais au besoin un bon défenseur.

— Qu'est ceci ? demanda maître Garandin ; ne vois-je pas quelqu'un qui rôde autour du château ?

Et il s'avança au moment où un étranger venait de sonner ; une femme ouvrit la porte.

— M. Bréville est-il chez lui ? demanda l'étranger.

— Il est en voyage, monsieur.

— Pour longtemps ?

— Il reviendra sans doute ce soir, mais pour sûr demain matin.

— Alors je ne pourrai pas le voir. Vous lui direz que c'est M. Hubert qui n'a pu l'attendre et est reparti tout de suite.

Mopse avait recommencé à grogner de plus belle ; puis tout à coup, malgré les efforts de Pulchérie qui le rappelait, il s'élança sur l'étranger ; mais, au lieu de le déchirer ou de le mordre, il sauta sur lui, léchant ses mains, ses habits ; il se roula par terre en gémissant ; puis il recommença ses gambades, courant autour de lui en cercle et sautant assez haut pour lui lécher le visage.

— Mopse, Mopse ! cria l'inconnu, et lui-même prit le chien dans ses bras et le couvrit de caresses.

Épiphane s'avança :

— Vous avez, monsieur, demandé M. Bréville ?

— Êtes-vous de la maison ?

— Oui, monsieur.

— Eh bien ! j'ai laissé mon nom.

— M. Hubert ?...

— Oui, monsieur...

— Écoute, Onésime, si c'est pour moi que

tu cherches à déguiser ton nom et ta voix, cela ne te servira pas à grand'chose. Je te reconnais parfaitement ; que viens-tu faire ici, malheureux Onésime ?

Pulchérie s'était approchée en croyant entendre le nom d'Onésime, et déjà surprise de la joie du chien ; mais, quand elle entendit Garandin nommer Onésime pour la seconde fois, elle jeta un grand cri et tomba à genoux.

— Pulchérie ! s'écria Onésime.

— Est-ce toi, Onésime, qu'on nous disait mort?

— Ce n'est pas le moment de causer, dit Épiphane ; si on sait qu'Onésime est ici, il est perdu.

— Et on ne tardera pas à le savoir par ton moyen, lâche et traître que tu es ; mais ce n'est pas encore le moment de régler nos comptes, seulement disparais à l'instant.

Et en disant ces mots, Onésime mit la main sur un poignard de marin qu'il portait à la ceinture. Épiphane était déjà loin.

— Chère Pulchérie, reprit Onésime, ce n'est pas seulement la peur qui fait fuir Épiphane ; d'ailleurs le temps n'est pas arrivé où je veux être au milieu de vous, mais je n'ai pu résister au besoin de vous voir de loin hier à l'église. De qui étiez-vous donc tous en deuil? Je n'ai appris la mort de personne.

— Onésime, c'était un service pour le repos de votre âme qu'on célébrait hier.

— Chère Pulchérie, ma seule pensée,

tout ce que j'aime au monde, vous avez donc adopté mon pauvre Mopse?

— Êtes-vous en sûreté, Onésime?

— Moi, pas le moins du monde.

— Fuyez alors, malheureux!

— Il faut que je voie quelqu'un qui ne sera ici que demain.

— Mais si Épiphane vous trahit... c'est possible.

— C'est même parfaitement sûr. Aussi je ne voulais être reconnu par personne; j'aimais mieux qu'on me crût mort; il faudra peut-être que mes amis me perdent une seconde fois.

— Et cette horrible affaire...

— Je suis innocent, Pulchérie; mais je n'en suis pas moins condamné à mort.

— Comme vous êtes changé, Onésime!

— J'ai étudié, j'ai travaillé depuis que nous ne nous sommes vus; mais... tenez, j'aimerais mieux que nous ne nous fussions pas rencontrés. Adieu, ne parlez de moi à personne, pas même à Bérénice, si toutefois il n'arrive rien de mal; car, si je suis trahi et arrêté, vous n'entendrez que trop parler de moi. Soyez sûre d'une chose, Pulchérie, ma vie entière vous appartient; quoi qu'il arrive, elle sera à vous jusqu'à la fin; mon dernier soupir sera pour vous. Adieu.

Et Onésime disparut sous les saules et les arbres de la rivière. Mopse voulut le suivre, mais il le chassa. Pulchérie n'osa pas entrer à Dive, où elle devait cacher un si grand secret, et où on aurait remarqué sans peine son émotion ; elle alla droit à Cabourg ; son oncle était couché depuis longtemps.

Il était près de minuit lorsque M. Bréville arriva à Beuzeval avec son ami, M. Edmond. M. Edmond était un homme d'un embonpoint peu ordinaire ; il n'aurait pu mettre aucun des habits de M. Bréville, qui n'avait pas cru devoir lui en faire porter, et ne s'était muni que d'argent ; on appela des fripiers, on eut beaucoup de peine à trouver ce qu'il fallait pour mettre en état de sortir de l'auberge M. Edmond***, dont les formes démesurées n'avaient pas été prévues par les tailleurs. On finit cependant par trouver un habit à peu près à sa taille. Pendant le cours de ces recherches, M. Bréville demanda avec empressement le prix d'une redingote qui était mêlée aux hardes qu'on leur montrait ; il la paya sans marchander, et fit beaucoup de questions au fripier.

La voiture qui ramenait M. Bréville et M. Edmond n'était plus qu'à quelques pas du château, quand un homme arrêta brusquement le cheval. En même temps une voix cria :

— C'est moi, Hubert.

— Malheureux ! imprudent ! quelqu'un vous a-t-il vu ?

— Oui ; Épiphane.

— Diable !

— Et tout porte à croire qu'il a déjà pris ses mesures pour me faire arrêter. Aussi, si je ne vous avais pas rencontré ce soir, je serais parti dans la nuit.

— Il faut que vous entriez au château ; nous allons voir ensuite ce qu'il y a à faire. Attendez que tout soit fermé. Quand vous verrez une lumière en dehors de la porte du salon, vous entrerez par la porte du jardin, où je vous attendrai.

— Très-bien !

Il se passa au moins une demi-heure ; après quoi, la lumière s'étant fait voir, Onésime fut reçu à la porte du jardin par M. Bréville, qui l'embrassa tendrement.

— Je suis bien mécontent de vous, Onésime. Comment, malgré ma défense...

— Je ne pouvais plus attendre...

— Vous êtes un fou... Épiphane est allé prévenir les gendarmes ; il est déjà revenu.

— Je m'en doutais.

— Il m'a parlé de votre rencontre. Ce qu'il fait, c'est dans votre intérêt et dans celui de votre famille. Il vous a d'abord conseillé de prendre la fuite, vous avez refusé de l'écouter ; alors, pour vous sauver malgré vous, il est allé mettre les gendarmes en campagne, mais les renseignements qu'il leur a donnés les feront promener inutilement demain toute la matinée. Il a pensé que, voyant le danger si imminent, vous vous décideriez sans doute à fuir. Voici dans quel ordre il a indiqué au brigadier de gendarmerie les recherches à faire : d'abord ici, où il est bien sûr que vous ne serez pas ; ensuite chez vos parents, puis à Cabourg, chez M. Malais ; enfin chez les Glam, dont le fils va épouser votre sœur. Il pense que ces fausses démarches vous donneront, et au delà, le temps de vous mettre à l'abri.

— Quelle trahison cachent ces précautions ?

— Pas celle que vous croyez. Épiphane aime mieux, en réalité, vous voir en fuite qu'arrêté. Les gendarmes viendront ici à la pointe du jour. Soupez et dormez ; nous causerons pendant que vous souperez.

Il était à peine six heures du matin ; Bérénice se réveillait heureuse fiancée. Pulchérie était venue surveiller sa toilette. Tout à coup le fils Glam arriva. il apportait la nouvelle qu'Onésime n'était pas mort, qu'on l'avait vu dans le village, et qu'il avait été arrêté par les gendarmes au moment même où il prenait la fuite par-dessus les murs du château de Beuzeval. Cette nouvelle livra tout le monde aux impressions les plus diverses et même les plus opposées. Onésime était vivant, mais il ne vivait sans doute que pour mourir d'une mort infamante. Il ne fut plus question de mariage pour ce jour-là. Pulchérie alors put dire qu'elle l'avait rencontré la veille. Tout le monde caressa Mopse, qui avait si bien reconnu son maître.

— Oh! dit Pélagie, si je l'avais au moins embrassé et serré sur mon cœur!

On remarqua avec étonnement que les gendarmes, après avoir conduit Onésime dans la prison de Caen, revinrent à Beuzeval et ne s'en écartèrent pas pendant quelques jours. On ne tarda pas à citer les témoins, maître Épiphane Garandin et sa femme, ainsi que la servante du meunier; mais, ainsi que nous l'avons dit, Désirée avait quitté le pays sans laisser de traces.

M. Bréville alla souvent à Caen. Lorsque le jour du jugement fut fixé, il demanda à Tranquille Alain et à Pélagie s'ils voulaient y assister. Ils hésitèrent longtemps, mais ils reçurent une citation comme témoins, en vertu du pouvoir discrétionnaire du président. M. Malais, également cité, emmena sa nièce Pulchérie.

XII

Le jour du jugement arrivé (peu de nos personnages avaient dormi pendant la nuit), les témoins se rendirent à leur poste. Bérénice et Pulchérie se tenaient à l'écart avec Pélagie; toutes trois étaient pâles et se parlaient à peine, M. Malais, Tranquille Alain, Épiphane et sa femme étaient au banc des témoins. Les juges ne tardèrent pas à monter sur leurs siéges, puis le président ordonna d'introduire l'accusé. Alors Onésime parut entre deux gendarmes, et s'assit au banc des prévenus. Les trois femmes, en le voyant, se prirent à pleurer en silence, Tranquille Alain évita de regarder du côté de son fils ; sa tristesse était mêlée de sévérité. On fit l'appel des témoins ; tous répondirent, à l'exception de Désirée, la servante du meunier, dont on n'avait pu retrouver la demeure, et de M. Bréville, dont on ne put expliquer l'absence. Le président annonça que les débats étaient ouverts. L'accusé ayant répondu aux questions d'usage qu'il était marin et capitaine marchand, le procureur du roi l'interrompit, et dit :

— Le prévenu n'avait pas ce titre lors de l'instruction qui précéda son évasion ; ce titre est-il réel ?

— Monsieur, reprit Onésime, je me suis enfui, parce que, bien qu'innocent, je voyais accumulées contre moi des probabilités qui auraient pu tromper la sagesse des juges. J'espérais que le hasard ou plutôt la Providence m'apporterait quelque preuve de mon innocence que je serais venu moi-même mettre sous les yeux de la cour. En attendant, sous le faux nom d'Hubert, j'ai travaillé, je me suis fait recevoir capitaine et j'ai fait un voyage dans les Indes. Voici les papiers qui en font foi.

Le procureur du roi, donnant lecture alors de l'acte d'accusation, commença par rappeler la mort du meunier, qui avait évidemment perdu la vie en défendant son trésor.

— La justice, continua-t-il, fut un moment embarrassée. Un seul homme était entré la nuit et avait accès chez Éloi Alain ; mais cet homme était son neveu, cet homme était son héritier, ainsi qu'en fait foi le testament, et il le savait, comme l'ont établi non-seulement plusieurs témoignages, mais aussi ses réponses et ses aveux à lui-même. La défiance de la justice reculait devant un crime aussi odieux, lorsque les révélations d'un témoin oculaire vinrent l'obliger à croire à une perversité heureusement peu commune. Un personnage, que des liens d'amitié et d'intérêt attachaient à cette famille, le nommé Épiphane Garandin, qui, maître d'école, avait élevé le prévenu, dit que, vaincu par la force de la vérité et par l'horreur du crime, il venait révéler aux magistrats un épouvantable forfait. Quelques heures avant le crime, il avait laissé Éloi Alain en parfaite santé partant pour un petit voyage. Onésime Alain, marin réfractaire, caché dans le pays, s'était introduit chez son oncle, et, peu de temps après, on l'avait vu s'échapper par une fenêtre. Le lendemain, on avait trouvé mort le meunier, qui était rentré dans la nuit au lieu de ne rentrer que le lendemain, comme on s'y devait attendre. Le prévenu, qui avait cette nuit même quitté le pays, fut arrêté au milieu d'un repas de matelots, au Havre, et amené en prison. Là, dans l'instruction, il avoua qu'après avoir épuisé toutes les prières afin d'obtenir quelque délai pour un débiteur du meunier, qui était de ses amis, il avait cru pouvoir prendre à son oncle, dont il se savait le seul héritier, une somme qui serait rentrée quelques heures après entre ses mains, puisqu'elle devait lui être remise par ce débiteur aux abois. Il s'était, en effet, introduit chez le meunier de Beuzeval pendant l'absence de ce dernier, et avait ouvert une cachette dans laquelle il savait être renfermées des sommes importantes. Au moment où il venait de prendre l'argent dont il avait besoin, il avait entendu du bruit, et, regardant à travers la serrure, il avait vu un œil qui, de l'autre côté de la porte, suivait tous ses mouvements. Effrayé, il s'était enfui et n'avait appris la mort de son oncle que longtemps après et seulement lors de son arrestation au Havre. Il avait enfoui, en effet, la somme au pied d'un arbre, où les personnes auxquelles cet argent était destiné furent invitées par une lettre à l'aller chercher ; mais celles-ci s'empressèrent de remettre entre les mains de la justice le résultat d'un crime dont il ne peut retomber sur elles le moindre soupçon de complicité. Cette défense manquait com-

plétement de la vraisemblance même la plus
vulgaire. Le prévenu avouait toutes les choses
matériellement prouvées et niait toutes les
autres. L'instruction crut devoir le renvoyer
devant la cour d'assises ; mais, lorsque vint
le jour du jugement, Onésime Alain s'était
évadé. C'est seulement il y a quelques jours
qu'il a reparu dans le pays, ramené par son
imprudence, par sa confiance dans une trop
longue impunité, ou plutôt par un arrêt de
la Providence, qui ne laisse quelquefois les
plus grands crimes impunis que pour leur
infliger ensuite leur châtiment avec plus d'é-
clat. Onésime Alain, aujourd'hui entre les
mains de la justice, est donc appelé de nouveau à se défendre ; mais les preuves accumulées contre lui ne permettent guère d'espérer qu'il puisse le faire avec succès.

Cette exposition de l'affaire fut suivie de la
plaidoirie du ministère public. Il démontra
l'épouvantable ingratitude d'Onésime, qui,
comblé des bienfaits de son oncle, l'avait lâchement assassiné dans l'impatience que lui
causait l'attente du testament. Il félicita Épiphane Garandin qui, saisi d'horreur à la vue
d'un pareil forfait, avait rejeté loin de son
cœur honnête une vieille amitié et n'avait
pas hésité à faciliter à la justice l'accomplissement de ses rigoureux devoirs. Il termina
en demandant contre Onésime l'application
des articles 296, 297 et 302 du Code pénal.

Le président demanda à Onésime s'il avait

quelque chose à dire pour sa défense et s'il avait fait choix d'un avocat. Un homme grand et sec perça la foule alors, s'avança jusqu'au pied du tribunal et dit :

— M. le président, témoin cité, je demande, du consentement du prévenu, à prendre sa défense devant MM. les jurés et les juges.

— Prévenu, dit le président, prenez-vous le témoin ici présent pour défenseur ?

— Oui, monsieur.

— Comment vous appelez-vous ?

— Hector-Eugène, comte de Sievenn.

Les habitants de Dive et de Beuzeval se regardèrent les uns les autres avec étonnement. Le président avait parlé assez bas, et M. Bréville, qui s'appelait maintenant le comte de Sievenn, avait répondu à l'instant même, lui qui semblait si souvent avoir peine à entendre les voix les plus fortes et les plus stridentes.

— Le témoin, dit le procureur du roi, n'est assigné que sous le nom de M. Bréville.

— Mettez Bréville, si vous voulez, c'est peu important. Voici cependant des papiers qui constatent mon identité.

— Ah çà ! mais il n'est plus sourd, murmura Épiphane.

— C'est une singulière transformation, dit M. Malais. Du reste, je ne suis pas fâché que le propriétaire actuel de Beuzeval soit un homme tout à fait comme il faut ; je m'en étais douté.

— Puis-je prendre la parole?

— Parlez, monsieur.

— MM. les jurés et MM. les juges, je me trouvais sur la jetée du Havre au moment où un navire allait se perdre. Le danger était si effroyable, que les plus hardis pilotes hésitaient à se mettre à la mer. Onésime Alain se présenta, son exemple encouragea d'autres matelots. La fureur de la mer fut vaincue, et six hommes furent arrachés à une mort certaine. Le lendemain, au milieu d'un repas auquel on me fit l'honneur de m'admettre, Onésime Alain fut arrêté comme coupable d'un assassinat commis sur la personne de son parent et de son bienfaiteur dans l'intention de le voler. Moi qui avais vu le dévouement d'Onésime pour des inconnus, moi qui avais vu aussi de quel air il m'avait repoussé quand je lui avais sottement offert de l'argent, je trouvai l'accusation invraisemblable et absurde. Je n'abandonnai pas cet homme si brave et si généreux ; je ne tardai pas à apprendre qu'il avait, il y a quelques années, exposé sa vie pour sauver celle de ce parent qu'on l'accusait d'avoir lâchement assassiné. Néanmoins des témoignages accablants se réunissaient contre lui. Des circonstances qui ressemblaient singulièrement à des preuves s'accumulaient. Je m'informai ; je vis qu'Onésime allait être condamné; excusez mon audace, messieurs, mais je pensai que la justice se trompait, et qu'elle allait commettre une de ces très-rares mais très-déplorables erreurs qui ont taché son hermine de quelques gouttes de sang innocent. Je n'avais absolument rien à répondre à l'accusation; mais une voix éloquente me disait dans le cœur : « Cet homme est innocent. » Je le fis évader. Je fus aidé, je dois le dire, par un homme dont M. le procureur du roi vient de faire un remarquable éloge, par Épiphane Garandin, qui montra le plus grand zèle et le plus grand courage pour faciliter cette évasion. J'eus quelque peine à décider Onésime Alain à prendre la fuite. Il prétendait qu'étant innocent, il ne courait aucun risque d'être condamné. Votre sagesse, messieurs, était par lui dignement appréciée; mais je suis moins jeune, j'ai vécu, j'ai vu le monde, cela m'a donné une défiance sans aucun doute exagérée : je fis partir Onésime. J'ai quelques amis, quelque influence, même un peu d'argent. Onésime, dont l'éducation était nulle, travailla dans la retraite, travailla avec intelligence et opiniâtreté. Au bout d'un an et demi, il était reçu capitaine au long cours sous le nom d'Hubert, laissant, par mon conseil, de côté son nom d'Onésime Alain, en attendant qu'il pût le porter de nouveau sans tache et sans soupçon.

— Mais, monsieur, dit le procureur du roi, il me semble que vous nous contez là des

histoires qui vous sont parfaitement person-
nelles ; ces épisodes n'appartiennent que très-
indirectement au procès, fatiguent l'attention
de messieurs les jurés, et...

— Monsieur, répondit M. de Sievenn, vous
avez parlé pendant deux heures et demie pour
soutenir l'accusation, je ne demande qu'une
demi-heure pour la détruire. Laissez-moi
employer ma demi-heure à ma fantaisie.
Messieurs les jurés, j'en suis sûr, ont trop
d'intérêt à ne pas condamner un innocent
pour s'ennuyer de mes paroles ; d'ailleurs je
vous ménage des détails qui à vous-même,
M. le procureur du roi, procureront quelque
satisfaction. Puis-je continuer ?

— Continuez, dit le président.

— Mon ami était à l'abri ; je dis mon ami,
messieurs, parce que l'homme assis là entre
deux gendarmes m'avait fait l'honneur de
m'appeler son ami, honneur que j'avais bri-
gué le jour du sauvetage du navire, honneur
que je trouvais plus grand encore depuis
qu'il était malheureux, injustement accusé et
abandonné de tout le monde : le malheur
donne aux hommes une sorte de consécration
et les rend vénérables. Pour moi cependant,
ce n'était point assez qu'Onésime Alain fût en
sûreté contre l'erreur probable de la justice ;
je croyais, je sentais, je savais qu'il était innocent, et je n'avais pas la moindre preuve à
en donner ; cette preuve, il me la fallait,
quand j'aurais dû consacrer ma vie entière

à la chercher ; c'était une grande et noble occupation, je m'y dévouai entièrement. J'arrivai à Beuzeval comme par hasard ; je me montrai le plus sourd et le plus crédule de tous les hommes ; je n'entendais rien et je croyais tout. Ces deux infirmités écartèrent de moi toute défiance ; on parlait librement devant moi comme si j'étais absent ; je courus tout le pays, je voulus savoir la vie de tout le monde. Il n'y a presque personne qui ne m'ait raconté à deux ou trois reprises l'histoire du meunier Éloi Alain trouvé mort dans sa chambre. Cent fois j'ai cru voir un commencement de clarté, cent fois je me suis heurté contre le faux et l'absurde. J'enregistrais tous les rapports, toutes les contradictions. Cela a duré trois ans, messieurs, et c'est seulement il y a trois semaines que j'ai eu la dernière preuve qui me manquait, non pas pour ma conviction, elle n'est pas plus forte que le premier jour, mais pour la vôtre, messieurs, et aujourd'hui je viens vous dire et vous prouver d'une manière irréfutable, d'abord, qu'Onésime Alain, mon ami, est innocent, ensuite que l'auteur de l'assassinat du meunier Éloi Alain est cet homme, Épiphane Garandin, dont M. le procureur du roi vient de faire l'éloge.

En prononçant ces paroles, M. de Sievenn, la taille droite et majestueuse, les yeux étincelants, s'avança vers Épiphane, pâle comme un mort, le saisit par le bras, et, avec une force invincible, le traîna jusqu'au milieu du prétoire, devant les juges et les jurés, muets d'étonnement et de terreur.

Là, il répéta :

— Oui, messieurs, cet homme, Épiphane Garandin, est à la fois l'accusateur d'Onésime et l'assassin du meunier !

— Messieurs, s'écria Épiphane, c'est une calomnie ; cet homme est fou.

Toute l'assemblée était dans la stupéfaction. Quand Épiphane, sur un signe du président, se remit à sa place, les témoins assis à côté de lui s'écartèrent, par une sorte d'horreur instinctive, pour ne pas le toucher. La cour délibéra. Les assistants, malgré les fréquentes invitations au silence, se communiquaient leurs impressions. Les femmes pleuraient. Le président, après avoir conféré avec les autres juges et avec le procureur du roi, fit conduire les témoins dans la salle qui leur est réservée, et ordonna qu'Épiphane resterait seul devant la cour. M. de Sievenn demanda alors que M. le président voulût bien faire introduire comme témoin la fille Désirée Maurel, qui avait été servante du meunier jusqu'à sa mort.

— Ce témoin, ajouta-t-il, n'a pas répondu à l'appel de son nom, pour des raisons que je me réserve de vous expliquer.

On appela, sur l'ordre du président, la fille Désirée Maurel, qui répondit aux questions d'usage et alla rejoindre les autres témoins.

— M. de Sievenn, demanda le président, voulez-vous continuer votre plaidoirie ?

— Oui, M. le président. Je désirerais seulement qu'Épiphane Garandin répondît à une question.

— Dites-moi cette question, monsieur, et je la transmettrai au... témoin.

— Voulez-vous, M. le président, demander au... témoin, pour parler comme vous, s'il persiste dans sa déclaration ?

— Témoin Épiphane Garandin, que savez-vous de l'assassinat d'Éloi Alain, meunier à Beuzeval ?

Épiphane se leva et dit :

— Je maintiens ce que j'ai dit dans l'instruction.

Le procureur du roi lut à haute voix la déposition d'Épiphane.

— Ainsi, dit le président, vous maintenez tout ce qui est contenu dans cette déposition?

— Oui, M. le président.

— Et votre conviction est que le meunier a été assassiné par Onésime Alain ?

— Oui, M. le président.

— Est-ce là, M. de Sievenn, ce que vous désirez ?

— Oui, monsieur.

— Il me semblerait juste et convenable, interrompit le procureur du roi, que, dans la nouvelle position que le défenseur du prévenu essaye de faire à un témoin, ce témoin.

fût, dès à présent, assisté d'un avocat. Est-ce l'avis de la cour ?

Le président recueillit les avis, et demanda s'il se trouvait des avocats dans la salle. Plusieurs se présentèrent.

— Épiphane Garandin, dit le président, je remets d'office votre défense à maître ***, c'est un de nos plus éloquents avocats ; l'acceptez-vous ?

— Oui, monsieur.

L'avocat se plaça auprès d'Épiphane, avec lequel il échangea de temps en temps quelques paroles à voix basse. Le président invita M. de Sievenn à reprendre la parole.

— Installé dans le pays, messieurs, ayant établi convenablement ma réputation de surdité et de crédulité, je pris pour gouvernante la fille Désirée Maurel, servante du défunt meunier, et pour secrétaire M. Épiphane Garandin, avec qui je n'avais eu que des rapports indirects lors de l'évasion d'Onésime. Maître Épiphane avait été tour à tour maître d'école, ferblantier, soldat, ménétrier, chantre, pharmacien, puis, en dernier lieu, assassin et faux témoin. Pour trouver de l'occupation au... témoin, comme l'appelle M. le président, je fis semblant de composer un ouvrage savant sur les huîtres. De ce moment, le combat fut engagé : tantôt je faisais vivre en paix Épiphane, sa femme et la fille Désirée, alors ils causaient sans se défier de moi ; tantôt je jetais parmi eux quelque germe de discorde, et chacun d'eux, sous l'empire de la colère, me parlait des autres avec assez de liberté ; j'écrivais, je composais mon dossier. Enfin, aujourd'hui, messieurs, je puis vous apprendre comment le crime a été commis en réalité. Je n'avancerai rien dont je n'aie à fournir les preuves les plus complètes.

« Onésime, poursuivi comme réfractaire, retenu dans le pays par une passion plus noble que raisonnable, trouvait un asile chez son oncle, auquel il avait sauvé la vie avec un rare dévouement. Voici une médaille qui constate sa belle action. Éloi Alain, il faut le dire, malgré l'usage qu'ont les vivants de se débarrasser en faveur des morts de toutes les vertus qui les embarrassent, Éloi Alain faisait l'usure. Il s'était approprié, par toute sorte de moyens peu honorables, la plus grande partie des biens de M. Malais de Beuzeval, et il le poursuivait à outrance pour faire vendre sa maison, tout ce qui lui restait d'une fortune considérable.

« Depuis longtemps, un lien d'amitié existait entre la famille d'Onésime et celle de M. Malais. Les enfants des deux maisons avaient été élevés ensemble. Onésime supplia son oncle d'avoir pitié d'un vieillard déchu d'une grande position de fortune, accablé par des malheurs de tout genre, et qui allait être réduit à la mendicité et au désespoir. Le meunier fut inflexible ; le vieillard et le reste de sa famille allaient être chassés. Leur maison, leur dernier asile, allait être vendue ; les affiches étaient apposées, lorsque Onésime, après s'être une dernière fois jeté aux genoux de son parent, ne prit plus conseil que de son désespoir. Il résolut de lui prendre la somme qu'il réclamait à M. Malais, pour que M. Malais la lui rendît le lendemain, sous forme de payement. Éloi Alain était en voyage ; Onésime ouvrit une cachette dont il soupçonnait la place, compta juste la somme nécessaire, puis, entendant du bruit, voyant un œil à travers la serrure, il prit la fuite et fit parvenir cette somme au malheureux débiteur du meunier, lequel, du reste, refusa d'en profiter, et la rendit quelques jours après à la succession. L'homme qui avait surpris Onésime et qui l'avait vu sans être vu par lui n'était pas le meunier, mais bien Épiphane Garandin, qui avait, comme Onésime, accès facile dans la maison. Soit qu'il eût voulu, comme Onésime, profiter de l'absence du meunier pour ouvrir la cachette, soit que, témoin par hasard de ce qui se passait, il eût songé qu'il lui était facile de faire retomber le vol sur un autre, il vida le trésor. Onésime avait enlevé huit mille sept cents francs, qui ont été restitués à la succession par M. Malais de Beuzeval ; mais il restait en papier et en or vingt-huit mille francs, qu'Épiphane Garandin allait emporter lorsqu'il fut surpris à son tour, mais cette fois par le meunier, qui le saisit au collet, voulut crier, et qu'Épiphane étrangla; après quoi il emporta les vingt-huit mille francs.

« Le lendemain, on trouva le meunier mort et la cachette vide. Le cadavre avait dans la main un morceau de drap qu'il avait arraché probablement à l'habit de son assassin. On négligea de le mettre sous les scellés; quelques heures après, le morceau de drap avait disparu. Le voici.

« Épiphane, en rentrant chez lui, fut obligé d'avouer à peu près à sa femme ce qui s'était passé. Il avait, disait-il, trouvé le meunier assassiné, agonisant. Le voleur n'avait pas tout pris ; il avait, lui, ramassé le reste, qui sans cela devait revenir à Onésime, assassin et héritier de son oncle. Dans les convulsions de son agonie, Éloi Alain, qu'il avait voulu secourir, avait déchiré sa redingote, sur laquelle avaient jailli aussi quelques gouttes de sang. Il ordonna à sa femme de brûler la redingote : celle-ci la mit au feu ; mais, craignant que l'odeur du drap qui commençait à brûler ne se répandît dans le voisinage, poussée aussi peut-être par un sentiment d'avarice sordide ou par un aveuglement providentiel, la femme Garandin se hâta de retirer du feu la redingote, et la cacha. Depuis, elle la vendit à Caen à un fripier, nommé Samuel, qui la raccommoda et la revendit à un de ses confrères, Salomon, demeurant à Trouville, où je l'ai achetée. Voici la redingote, avec deux pièces d'un autre drap de même couleur, et remplaçant, l'une la partie arrachée par le meunier expirant, l'autre le morceau brûlé. Des chimistes retrouveront peut-être les traces du sang. M. le président peut faire citer les deux fripiers.

« Pendant qu'Épiphane croyait, comme il l'a toujours cru jusqu'à ce jour, que sa femme brûlait ce fatal vêtement, il allait trouver la fille Désirée, lui faisait la même fable qu'il avait faite à sa femme, mais avec quelques changements dans les détails : il ne parla pas des vingt-huit mille francs. Il lui persuada d'enlever le morceau de drap laissé dans la main crispée du cadavre ; mais cette femme, à laquelle certaines circonstances étaient suspectes, garda précieusement ce morceau de drap, que j'ai fini par me faire remettre. Elle était fort attachée à son maître. Épiphane la décida à tromper la justice, surtout en lui faisant espérer qu'on ne saurait pas que le meunier avait été assassiné par son neveu, ce qu'il serait, lui Épiphane, obligé de dire, s'il se trouvait en danger. Plus tard, quand elle fut suffisamment compromise par l'enlèvement du morceau de drap et par son mensonge à la justice, on se gêna moins avec elle, et elle en apprit un peu plus ; mais elle crut toujours qu'Onésime était l'assassin. Aussi lui persuada-t-on de le laisser accuser, lorsque Épiphane, croyant voir planer quelques soupçons sur lui-même, se décida à perdre Onésime, contre lequel il n'était pas difficile d'accumuler des preuves apparentes. Cependant, tout pris qu'était Onésime dans les toiles qu'avaient ourdies autour de lui et le hasard et la perfidie de Garandin, celui-ci craignait qu'aux débats une lumière subite ou la prudence des juges ne vînt éclairer et faire apparaître la vérité. Aussi s'employa-t-il de son mieux à l'évasion de l'accusé. Quand j'eus pris la résolution de découvrir la vérité pour venir ensuite vous la dire, messieurs, je ne voulus pas par trop de précipitation rendre impossible une entreprise déjà au moins difficile. Aussi ai-je mis trois ans à ramasser des preuves, et mon trésor est-il rassemblé grain à grain, comme celui d'une fourmi. Je réserve ce que j'ai à dire pour les témoins, quand M. le président voudra bien les interroger. »

Le président demanda alors à Épiphane ce qu'il avait à répondre à l'accusation que venait de porter contre lui M. Bréville. Épiphane se leva et retomba sur son banc sans avoir pu prononcer un mot, puis il se releva et dit :

— Il n'y a pas dans tout cela un mot de vrai, mais mon avocat répondra en plaidant.

L'avocat prit la parole, et dit :

— J'ai conseillé à mon client de ne répondre à aucune question jusqu'à ce que j'aie conféré avec lui.

— Alors, dit le président, nous allons

entendre d'autres témoins. Appelez la femme Garandin. Faites retirer Garandin, et que les gendarmes ne le quittent pas.

— M. le président, demanda M. de Sievenn, puis-je adresser quelques questions aux témoins ?

— Vous me les communiquerez.

Après les premières questions d'usage, le président demanda à madame Garandin si elle reconnaissait la redingote achetée par M. Bréville. Elle affirma ne pas la connaître.

— Avez-vous vendu une redingote à Samuel, fripier ?

— Je n'ai jamais vu Samuel, et je ne connais personne de ce nom.

— Asseyez-vous. Qu'on appelle le témoin Samuel.

Samuel fut interrogé : il reconnut au milieu des assistants la femme Garandin, qui lui avait vendu la redingote que lui avait achetée depuis Salomon de Trouville. D'ailleurs, cette vente était inscrite sur ses livres ; seulement madame Garandin avait un peu altéré son nom et avait dit s'appeler madame Parentin.

— Et vous, femme Garandin, persistez-vous à nier avoir vendu au fripier Samuel la redingote qui vous est représentée ?

— J'avoue que c'est vrai, mais j'ai peur. Je ne sais pourquoi on me fait toutes ces questions ; je crains de faire des réponses qui me compromettent.

— Il n'y a que le mensonge qui puisse vous compromettre. Dites la vérité, ainsi que vous l'avez juré devant le Christ. Est-ce vous qui avez mis ces deux pièces, l'une remplaçant une déchirure, l'autre une brûlure?

— Non, monsieur.

— Votre mari ne vous avait-il pas ordonné de brûler cette redingote et n'avez-vous pas préféré la vendre?

— Tout ce que je me rappelle, c'est que je l'ai vendue.

— Le jour de l'assassinat du meunier, votre mari n'a-t-il pas apporté beaucoup d'argent à la maison?

— Non, monsieur, jamais nous n'avons été si pauvres que depuis-ce malheur-là; tout le monde le sait bien.

— M. le président, interrompit M. de Sievenn, voulez-vous demander à madame Épiphane si ce n'est pas là une ruse imaginée par son mari, et qui la contrariait beaucoup. Demandez-lui aussi, je vous prie, si elle n'avait pas fini par obtenir de lui la permission d'acheter certains ornements qu'elle mettait chez elle en fermant bien les portes. Demandez-lui si la première fois que je suis allé chez eux, dans sa précipitation, elle n'avait pas gardé un collier d'or, et si Épiphane, se fiant à ma surdité, ne lui a pas à ce sujet dit des injures à demi-voix en ma présence.

— On peut bien chercher à la maison, on n'y trouvera pas de collier d'or.

— Cela dépend du lieu où on cherchera. Si on lève une pierre sous les cendres, au fond du foyer de la cheminée, on trouvera le collier d'or et d'autres bijoux, et aussi la presque totalité des vingt-huit mille francs volés par Épiphane.

— Que répondez-vous à cela, femme Garandin?

— M. le président, je dis que cela n'est pas vrai.

— On va aller faire des recherches.

— Eh bien! c'est vrai qu'il y a de l'argent, mais Garandin l'a trouvé.

— M. le président, veuillez, je vous prie, demander à madame Garandin si, dans une des querelles que j'avais soin de susciter entre elle et la fil'e Désirée, celle-ci n'a pas fait des allusions au crime d'Épiphane, qu'elle ne connaissait qu'en partie. Ne lui a-t-elle pas dit une fois entre autres : « Quand je voudrai, j'enverrai ton mari aux galères. » A quoi madame Épiphane a répondu d'un air suppliant et en me désignant; mais la fille Désirée a rappelé par un signe que j'étais sourd.

Madame Épiphane parut accablée et ne répondit pas. On fit paraître la fille Désirée, dont les réponses furent conformes aux assertions de M. de Sievenn. Elle se plaignit de M. Bréville, qui l'avait trompée si longtemps en faisant semblant d'être sourd; et puis, il avait l'air si bonasse, si crédule! on ne pensait pas à se défier de lui. Cependant elle se rappelle comment il avait soin tantôt de la brouiller, tantôt de la raccommoder avec les Garandin. C'est par son conseil qu'elle avait quitté le pays.

On fit revenir Garandin. Le procureur du roi lui demanda où il avait trouvé l'argent qui était chez lui. Il répondit qu'il n'avait pas trouvé d'argent.

— Ce n'est pas la peine de nier plus longtemps, répliqua le magistrat; votre femme vient d'avouer que vous avez trouvé de l'argent.

— J'ai trouvé une fois un écu sur la route de Trouville.

— Ce n'est pas de cela qu'il s'agit. Il s'agit de vingt-huit mille francs qui sont sous une pierre de votre cheminée. Votre femme, interrogée sur l'origine de cette somme importante dans votre situation, dit que vous l'avez trouvée.

L'avocat se leva et dit qu'il engageait derechef son client à ne pas répondre.

— MM. les juges et MM. les jurés, ajouta-t-il, la position du client qui m'a été donné ne me permet pas de le défendre sans quelques préparations et sans avoir conféré avec lui. Je demande donc que l'affaire soit remise à quelques jours. Nous aurons sans doute quelques témoins à faire citer, et nous demandons des délais convenables.

Le tribunal pensa que, de son côté, il avait des témoins à faire mander. Les distances étant fort rapprochées, il remit l'affaire au surlendemain; mais il décida qu'Épiphane Garandin serait retenu en prison ainsi que sa femme et la fille Désirée, que tous les prisonniers seraient tenus au secret et ne pourraient conférer, même avec leurs défenseurs, qu'à partir du lendemain à midi, attendu que la nouvelle face qu'avait prise l'affaire exigeait un supplément d'instruction. Les gendarmes emmenèrent d'abord Onésime, puis Épiphane Garandin, sa femme et Désirée.

Je n'ai pas besoin de dire à quelle émotion tous nos personnages furent en proie jusqu'au jour du jugement. Tranquille et sa femme s'embrassaient, pleuraient et remerciaient le ciel. Pulchérie et Bérénice se vantaient de n'avoir jamais cru Onésime coupable; tout le monde maudissait Épiphane et son double crime; mais surtout on s'entretenait de M. de Sievenn, de sa patience et de son dévouement à l'innocence; on rendait grâce à la Providence qui lui avait inspiré une ténacité si extraordinaire.

Le surlendemain arriva; l'avocat d'Épiphane plaida longuement, mais il ne dit pas grand'chose. D'ailleurs, M. de Sievenn avait un inflexible cahier rempli de notes accablantes, qui, lorsqu'elles étaient niées par un des accusés, étaient prouvées et reconnues vraies par les témoins. Il y avait là des observations pour chaque jour pendant trois ans, et souvent même il y avait trois ou quatre observations pour le même jour. La cour et les assistants furent très-scandalisés d'entendre le chef du jury déclarer que les jurés reconnaissaient en faveur d'Épiphane des circonstances atténuantes. On ne manqua pas de rappeler que, dans le jugement qui avait frappé par contumace Onésime innocent, celui-ci n'avait pas rencontré le même bénéfice et avait été bien et dûment condamné à mort. Épiphane fut condamné aux travaux forcés à perpétuité, sa femme à cinq ans de prison et la fille Désirée à un an, dont elle ne fit que trois mois. M. de Sievenn s'étant intéressé à elle comme il le lui avait promis.

Pour Onésime, il fut déclaré qu'*il n'y avait lieu à suivre contre lui*, et la cour ordonna qu'il fût sur-le-champ *relaxé* et mis en liberté *s'il n'était détenu pour autre cause*. C'est par là que commença et que commence d'ordinaire le dispositif du jugement quand il y a plusieurs accusés. Par une attention délicate de la justice, l'innocent acquitté apprend ainsi son sort le premier. Onésime, bien que conscrit réfractaire, fut immédiatement relâché, M. de Sievenn s'étant porté caution pour lui et le président ayant promis d'obtenir sa grâce. L'assistance vit avec attendrissement ce grand et beau jeune homme, auquel les gendarmes livraient passage, s'aller mettre à genoux devant son père et sa mère, qui le bénirent avant de l'embrasser. M. de Sievenn avait des voitures toutes prêtes, et tout le monde se mit en route pour Dive.

Ce n'est que quelques jours après qu'un autre jugement rendu devant un tribunal civil ordonna la délivrance à Onésime Alain du legs de son cousin Éloi Alain, conformément au testament de celui-ci ; mais c'était là une affaire de forme dont on n'apprit le résultat que par une lettre de l'avoué. Je n'ai pas besoin de dire quelle fut la joie de toute la famille Alain quand elle se retrouva dans la chaumière de Dive, où Onésime coucha cette nuit-là. Pélagie, par une douce et délicate prévision de femme, appela Pulchérie et, la serrant dans ses bras, lui dit :

— Ma fille !

XIII

Les jours suivants, on ne vit plus ni Pulchérie ni Onésime. Onésime ne quittait pas le château de Beuzeval, où il était probablement occupé avec M. de Sievenn. Pulchérie, sous divers prétextes, resta chez elle à Cabourg. Une indisposition de M. Malais vint d'ailleurs remplacer les prétextes par une raison. Certaines révélations qui s'étaient faites au procès relativement à sa ruine l'avaient profondément humilié. Il s'écriait sans cesse :

— Que dira-t-on, mon Dieu ! Je n'oserai plus montrer ma figure dans le pays ; j'avais caché ma misère avec tant de soin et de succès, et voilà que ces maudits bavards en font le texte de leurs plaidoiries.

Pulchérie n'osa pas lui dire que personne n'avait jamais été dupe de sa triste comédie. Bérénice vint souvent voir Pulchérie ; mais Bérénice elle-même était embarrassée. Contre l'attente de toute la famille, Onésime ne parlait pas d'épouser Pulchérie, on n'osait pas lui en parler non plus ; mais Pélagie et Bérénice en causaient entre elles.

— Cela manquerait à mon bonheur s'il ne me donnait pas Pulchérie pour fille, disait la bonne mère ; je sens que je hais déjà celle qu'il épousera à sa place.

— On ne peut forcer personne pour ces choses-là, disait le père Alain ; mais j'espère que ce n'est pas parce qu'il est devenu riche et que Pulchérie est pauvre qu'il est changé à son égard, j'espère que ce n'est pas cela.

— Oh ! non, bien sûr, s'écria Bérénice, et je suis certaine qu'il ne pense pas à autre chose qu'à épouser Pulchérie ; je gagerais qu'il viendra ce soir, mes chers parents, vous demander votre consentement.

— Il ne l'attendra pas longtemps, dit Pélagie.

Mais il ne vint ni ce soir-là, ni les soirs suivants, et Bérénice commença à s'inquiéter. Aussi ses conversations avec Pulchérie étaient-elles embarrassantes ; elle craignait de froisser le cœur ou de blesser l'orgueil de madame de Morville. Pulchérie pleurait et disait :

— Il a raison, il me rend mes dédains. Ne l'ai-je pas dédaigné, moi, quand il m'aimait tant et qu'il était pauvre? Hélas ! le ciel m'est témoin que ce n'est pas sa pauvreté qui m'empêcha alors de songer à lui. Comme il est changé ! comme son visage a pris de la noblesse ! comme sa démarche est imposante ! Et, depuis si longtemps que je sais qu'il s'était sacrifié pour moi, comment ne l'aurais-je pas aimé pour tant de misères endurées à cause de moi? Mais aujourd'hui je dois l'éviter et lui cacher ma tendresse ; quel malheur qu'il soit riche !

M. Malais l'appela auprès de son lit.

— Pulchérie, dit-il, je n'ose pas trop te demander de quitter tes amis ; mais, moi, il faut que je m'éloigne de Beuzeval : on sait maintenant que je suis pauvre, je n'ose pas sortir ; les enfants me montreront au doigt, je ne resterai pas ici.

— Nous partirons quand vous voudrez, cher oncle, cher père ; je ne demande pas mieux, pourvu que j'aie quelques nouvelles des amis que je laisserai ici, pourvu qu'une lettre de temps en temps m'apprenne qu'ils

sont heureux. Je pense que vous et moi nous
serons mieux partout ailleurs ; je vais écrire
à madame de Fondois, mon ancienne amie ;
je vais la prier, elle qui va dans le monde,
de me trouver à Paris des leçons de piano.
Nous irons à Paris : là on paraît ce qu'on
veut, personne ne sait ce qui se passe chez
vous et n'en prend souci ; je vous soignerai
bien, nous vivrons heureux.

— Merci, merci ! ma douce Pulchérie,
s'écria le vieillard, je n'aurais pas osé te le
demander, mais tu me sauves la vie ; je ne
voulais pas te laisser seule, et cependant je
ne pourrais plus vivre ici, ici où tout le
monde me sait dans la misère, ici où le meilleur sentiment que je pourrais inspirer serait
de la pitié ; merci, merci ! Quand partirons-
nous ?

— Quand vous voudrez, mon oncle ; mais
ne pensez-vous pas qu'il faille attendre la
réponse de Marie ?

— Comme tu voudras ; toujours est-il que
je ne mettrai pas les pieds hors de la maison,
si ce n'est pour quitter Dive et n'y jamais
rentrer. Oh ! non, je ne donnerai pas aux
gens le plaisir de rencontrer pauvre et humilié par les chemins le seigneur de Beuzeval
qu'ils ont vu riche et heureux. J'attendrai ;
d'ailleurs je n'ai pas bien besoin de sortir :
qu'est-ce que je vois quand je sors ? Des
terres qui ont été à moi, des bois à moi que
l'on abat, le château de Beuzeval, un château

où j'ai dépensé tant d'argent et de soins, et où je ne puis promener mes regards qu'à travers une grille. On dit que ce M. de Sievenn, qui a fait une belle action en sauvant un innocent de l'échafaud, mais qui a parlé de choses et de gens dont il aurait pu se dispenser de parler, fait énormément travailler à Beuzeval, comme si j'y avais laissé quelque chose à faire. Je suis sûr qu'il gâte tout ; je voudrais seulement y entrer une fois pour voir le mauvais goût de ces gens-là.

— Pourquoi faire, mon oncle? Ce serait vous donner encore de nouveaux chagrins ; pour moi, pourvu que j'apprenne quelquefois que mes amis d'enfance sont heureux, et ils le seront, ils ont maintenant tout ce qui leur manquait, je ne regretterai ici que des tombeaux.

Le vieillard revint en peu de jours à la santé par l'espoir de quitter bientôt Dive ; il ne voulait pas même ouvrir une fenêtre, et ne prenait l'air que le soir pour ne pas être vu.

On reçut bientôt une lettre de Marie de Fondois. Le ton de cette lettre était un peu protecteur. Cependant Marie s'était occupée de ce que lui avait demandé Pulchérie ; elle lui avait déjà trouvé deux leçons et était sûre d'en trouver d'autres. La lettre renfermait beaucoup de doléances sur le malheureux sort de madame de Morville, et cela sous une forme assez peu obligeante. Il faut dire pour l'explication de ceci que Marie de Fondois n'avait pas supporté avec patience d'être éclipsée dans le monde par Pulchérie de Morville, qui, pendant un temps du reste assez court, avait été plus riche et plus élégante qu'elle, et n'avait pas cessé d'être plus belle. Malgré le ton dédaigneux de son amie, Pulchérie fut enchantée de cette lettre, et, d'accord avec M. Malais, elle pressa les préparatifs de leur départ.

Un jour, Bérénice rentra à la maison, tomba dans les bras de Pélagie et fondit en larmes.

— Tu ne sais pas, maman, Pulchérie va quitter le pays. Je l'ai trouvée faisant des paquets. Elle va à Paris avec M. Malais ; elle dit que M. Malais ne peut supporter d'être pauvre là où il a été riche, surtout depuis qu'on a parlé dans le procès d'Onésime d'une misère qu'il croyait avoir cachée à tout le monde. Depuis ce temps-là, il n'a pas voulu sortir une seule fois de sa maison, tant il est honteux, et tu ne saurais croire combien il est changé. Pulchérie va donner des leçons de piano à Paris, et je pense aussi qu'elle n'est pas décidée seulement par le chagrin de M. Malais : Onésime et son inexplicable indifférence y sont pour beaucoup. Elle a souvent les yeux rouges. Je ne lui parle pas d'Onésime, car, à vrai dire, je ne sais que penser de lui ; elle ne m'en parle pas non plus, mais je vois bien que cela lui ronge le cœur. Il faut dire aussi qu'Onésime est bien singulier. Lui qui n'a jamais vécu que pour elle, au moment où il peut l'avoir, il a l'air de ne pas seulement y penser. Je ne veux cependant pas croire qu'il soit changé ainsi parce qu'il est devenu riche. D'ailleurs, que pourrait-il désirer? Pulchérie est si belle, si distinguée, et elle l'aime! Je lui ai tant parlé, depuis trois ans, de l'amour, du dévouement et des chagrins de mon frère! Enfin Pulchérie va partir, et en effet je comprends qu'elle ne veuille pas rester ici. Je n'ai rien pu lui dire; j'étouffais et je suis accourue pour pleurer avec toi.

— Mais c'est affreux! s'écria Pélagie; je ne veux pas que Pulchérie s'en aille. Il est vrai qu'Onésime ne nous gâte pas non plus; il est toujours en course au château de M. de Sievenn. Ce M. de Sievenn lui a rendu un grand service, et c'est un véritable ami; mais enfin il ne peut pas lui faire oublier sa famille et sa maîtresse. Écoute, Bérénice, cela ne peut pas aller ainsi; il faut au moins qu'il s'explique. Prends ta cape, et allons toutes deux au château, nous lui parlerons; il faudra bien qu'il nous laisse voir ce qu'il a dans le cœur.

— Allons, ma mère.

Toutes deux se mirent en route. Comme elles passaient à une petite distance du cimetière de Beuzeval, elles virent Pulchérie qui était à genoux sur la tombe de son enfant, et qui alla ensuite prier sur celle de sa tante; puis

elles la virent cueillir des fleurs sur les deux
tombes et baiser la pierre qui les recouvrait.

— Ma mère, dit Bérénice, vois-tu? elle
vient leur dire adieu.

Elles ne furent pas longtemps sans arriver
au château. Elles demandèrent Onésime. On
leur dit qu'il était parti le matin à cheval,
mais qu'il ne tarderait pas à rentrer. Elles
attendirent une demi-heure, et il arriva. Il
embrassa sa mère et sa sœur avec effusion.

— Onésime, dit Pélagie, nous venons de
passer auprès du cimetière de Benzeval;
nous avons vu Pulchérie qui disait adieu aux
morts qu'elle y laisse.

— Adieu?

— Oui, ajouta Bérénice, elle s'en va à
Paris avec M. Malais; elle quitte Dive pour
n'y plus revenir.

Onésime devint pâle, et, prenant sa sœur
par le bras, il s'écria :

— Elle n'est pas partie, au moins, elle
n'est pas partie?

— Oh! maman, s'écria Bérénice en pleurant de joie, il l'aime; tu vois bien qu'il l'aime
toujours.

— Que veux-tu dire? demanda Onésime.

— Nous pensions que tu n'aimais plus Pulchérie.

— Moi! Et pourquoi donc ai-je vécu? quel
a donc été toujours le but de ma vie? en quoi
a-t-on pu en douter?

— Mais, dit Pélagie, ta conduite a été bien

singulière, et Pulchérie a dû se croire dédaignée.

— Dédaignée, Pulchérie! Mais je l'adore,
ma mère, mais je ne respire que pour elle!
Je n'ai pas cru un moment qu'elle en pût douter ni vous non plus.

— Eh bien! ton silence, dont elle ne dit
rien, est sans aucun doute ce qui la fait partir, quoiqu'il y ait aussi le vieux Malais qui
meurt de chagrin et ne veut rester ici à aucun prix.

— C'est une idée de M. de Sievenn qui
me retient ici; mais tout est fini. Comment!
vous avez pu croire que j'oubliais Pulchérie?
Vous êtes sûres qu'ils ne partent pas aujour-
d'hui, au moins?

— Oh! non, Pulchérie ne nous a pas dit
adieu.

— Mais êtes-vous certaines qu'elle veut
vous dire adieu? Redescendez bien vite, sur-
veillez tout. Mon père est-il à la maison?

— Oui.

— Eh bien! je vais chercher M. de Sievenn, attendez-moi à Dive.

Pulchérie resta plus d'une heure dans
le cimetière à pleurer, à prier, à répéter:
«Adieu! adieu!» Puis elle rentra à Cabourg,
où elle trouva le vieux Malais tout joyeux,
car on devait partir le soir même, et Pulchérie laissait le vieillard arranger les choses
au gré de sa triste et maladive vanité. Ils
avaient vendu leurs meubles, et n'empor-

taient que leurs vêtements et leur linge. M. Malais, se voyant un peu d'argent, voulait sortir *décemment* du pays qui lui paraissait triompher de sa pauvreté. Il voulait se faire conduire *en chaise de poste* jusqu'à Honfleur.

— Là, dit-il, on ne nous connaît pas, nous pourrons voyager dans la rotonde de la diligence, et nous rattraperons ce que nous aura coûté la chaise de poste. Ici, nous allons dire que nous partons pour Paris à cause d'un héritage important qui nous est survenu; j'en ai déjà dit un mot au maire de Dive, qui passait devant la porte et que j'ai fait entrer un moment : cela va bientôt courir tout le pays; j'ai écrit pour avoir une chaise de poste, cela confirmera l'histoire de l'héritage; de cette manière, quand on parlera de moi à Dive ou à Beuzeval, au lieu de dire : « C'est un pauvre diable qui s'est ruiné et qui est mort dans la misère, » on dira : « Oh! oh! M. de Beuzeval, voilà un homme qui avait du bonheur; on l'avait ruiné en abusant de sa générosité; eh bien! il lui est survenu une fortune plus belle encore que la première. » Vois-tu, quand les gens sont pauvres, on dit toujours que c'est de leur faute, c'est plus commode; mais si on nous croit devenus riches, on trouvera toute sorte d'excuses à mes sottises.

— On ne dira que la vérité, mon cher oncle, en disant que vous vous êtes ruiné par votre générosité.

— Et un peu aussi par la vanité de m'allier à un comte, petite nièce. C'est égal, j'ai écrit à la poste d'envoyer ce soir à six heures une chaise de poste pour M. Malais de Beuzeval et madame la comtesse de Morville. A six heures, les pêcheurs seront rentrés, je veux qu'on nous voie partir, qu'on nous voie partir en chaise de poste. As-tu fait tes adieux à la famille Alain?

— Pas... tout à fait... mon oncle ; ils sont de ma famille aussi, et si vous vous accusez d'un peu de vanité, je puis, moi, m'accuser avec au moins autant de raison d'en avoir eu beaucoup et de la plus mauvaise espèce. Je n'ai pas toujours été pour la famille Alain ce que j'aurais dû être, et cependant je les ai toujours trouvés bons, tendres et dévoués, sans parler du dévouement sublime de l'un d'eux. Je vais aller à Dive. Je voudrais bien que cette pénible épreuve fût passée ; je vous avoue que je la redoute plus que tout le reste.

— N'oublie pas de leur faire part de l'héritage, parce que, si nous ne disons pas la même chose à tout le monde, on finira par découvrir la vérité.

Pulchérie mit sa mante et allait sortir, lorsqu'on frappa à la porte, et on vit entrer Tranquille Alain avec Pélagie et Bérénice en habits de dimanche. Ils étaient suivis de M. de Sievenn, d'Onésime et du fils Glam, qui resta en dehors avec M. de Sievenn.

— Bien le bonjour, M. de Beuzeval, dit Tranquille Alain ; mais qu'est ce que ces paquets ? Est-ce que vous allez en voyage ?

— Oui, mon cher Alain, oui, mon bon ami ; j'avais un cousin qui s'est laissé mourir, le cher homme, c'est le seul plaisir qu'il ait fait à quelqu'un dans sa vie ; pendant que je me ruinais bêtement ici, lui s'enrichissait à Paris, et il est mort juste à temps pour rétablir mes affaires. Me voici un peu plus riche que je n'étais auparavant. Nous allons à Paris, où nous devons nous fixer.

— Oh ! alors, M. de Beuzeval, je ne sais plus s'il faut vous dire ce que... Non... je crois que non.

Pélagie entraîna Pulchérie dans une autre chambre, et lui dit :

— Est-ce vrai cet héritage ? Alors il n'y faut plus penser. Ce pauvre Onésime va te perdre encore une fois. Il t'aime ;... il en mourra cette fois... Je sais pourquoi il ne disait rien...

— Ma bonne mère, dit Pulchérie, c'est parce que ce n'est pas vrai qu'il me perd et que je le perds aussi, car je n'ai appris à le connaître que pour le regretter.

— Rentrons, dit Pélagie.

— Mon bon ami, disait M. Malais à Risque-Tout, si je puis vous être utile à Paris, vous me le direz ; je serai enchanté de vous servir.

Pélagie prit à part son mari, Onésime et

Bérénice. Alors Alain s'avança vers M. de Beuzeval.

— Écoutez, M. de Beuzeval, lui dit-il, ce n'est pas pour votre argent que nous vous avons toujours aimé dans notre famille; nous ne vous respectons pas moins depuis que vous êtes ruiné. Je ne sais si vous avez bien voulu y faire attention. Ce n'est donc pas à nous qu'il faut faire des histoires.

Ici Pélagie fit des signes à son mari pour l'empêcher de continuer; mais ce fut parfaitement inutile. Alain poursuivit :

— Il ne s'agit pas de ça. Je sais la distance qu'il y a entre vous et nous, M. de Beuzeval; nous ne vous méconnaissons pas, et ce n'est pas parce que vous avez un peu moins d'argent aujourd'hui que nous nous en ferons accroire. C'est un peu hardi ce que je vais vous dire, mais il faut pourtant que je vous le dise : vous connaissez Onésime depuis son enfance; on l'a élevé avec Pulchérie; ç'a été son dieu toute sa vie; il s'est toujours dévoué à elle; il a pour elle exposé sa vie, son honneur. Il nous a rendus bien malheureux tous pendant plusieurs années; il m'a fait bien des fois désirer d'être mort; enfin, c'est fini, n'en parlons plus. Onésime n'est plus un paysan; il a étudié, il parle comme un monsieur; il est capitaine au long cours, il est riche. Ce n'est pas quelque chose qui peut vous toucher; mais, pour diminuer un peu la distance qu'il y a entre vous et nous, il ne faut rien négliger de nos petits avantages. Eh bien! M. de Beuzeval, voulez-vous lui donner Pulchérie?

M. Malais allait répondre et commençait :

— Ma nièce, madame la comtesse de Morville...

Pulchérie le pria de l'excuser si elle l'interrompait, et dit :

— Je ne veux pas avoir dédaigné Onésime quand j'étais riche, et l'accepter quand il est riche à son tour et que je suis devenue pauvre. Certes, depuis que je le connais, depuis que je sais ce qu'il a fait pour moi, j'ai conçu pour lui des sentiments aussi affectueux qu'il pourrait le désirer; mais il faut que je parte.

— Pardon, dit Onésime. Pulchérie, au nom de l'amour le plus profond, au nom d'une existence qui vous a été consacrée tout entière, est-ce la seule cause qui vous empêche d'être à moi?

— Je voudrais être riche ou que vous fussiez pauvre, Onésime... Mais cessez de me mettre à une épreuve trop cruelle. Il faut que je parte, et je partirai.

Onésime alla appeler M. de Sievenn. Celui-ci s'avança vers M. Malais et lui dit en ouvrant une tabatière pleine de cendres :

— Que voyez-vous là dedans, M. de Beuzeval?

— Pourquoi cette question, monsieur?

— Vous le sauriez déjà si vous m'aviez répondu.

— Eh bien ! je vois quelques pincées de cendres.

— Ah !... Eh bien ! ces cendres sont tout ce qui reste de l'acte de vente du château de Beuzeval et des titres de ce que vous deviez au meunier. Peut-être même s'y mêle-t-il un peu des cigares qu'Onésime et moi nous avons allumés avec ces paperasses.

Tous les assistants restèrent ébahis.

— De sorte que vous ne m'avez jamais vendu Beuzeval, de sorte que vous n'avez jamais dû un sou dessus.

— Mais, monsieur, dit M. Malais, je ne sais si...

— Cela ne me regarde pas, M. de Beuzeval ; j'avais acheté Beuzeval pour le compte d'Onésime, qui m'a parfaitement remboursé. Il m'a dit ses raisons pour allumer nos cigares avec les papiers en question ; je les ai trouvées bonnes, et jamais cigares ne m'ont paru aussi délicieux. Si vous voulez qu'il vous dise ses raisons, j'espère que vous serez de mon avis.

— M. de Beuzeval, dit respectueusement Onésime, je suis, vous le savez, je crois, héritier de mon cousin le meunier de Beuzeval. J'ai trouvé dans ses papiers des preuves qu'il y avait eu des erreurs graves dans les affaires qu'il avait faites avec vous et avec votre parent M. le comte de Morville. Ces erreurs ont porté les intérêts des sommes prêtées à un taux exorbitant et ruineux. Mon cousin est mort subitement, et j'ai cru, pour sa mémoire, devoir effacer une injustice qu'il n'avait pas eu le temps de réparer. Les hypothèques sur le château de Beuzeval et sur une partie de ses dépendances m'ont paru devoir être annulées. Vous ne pouvez, monsieur, refuser d'accepter ce qui est à vous, ce qui ne vous avait été enlevé que par une erreur de comptes.

— Eh quoi ! Onésime, c'est toi, toi qui me rends le château de Beuzeval, mon château où ma pauvre Dorothée est morte! Je pourrais encore demeurer à Beuzeval !

— Soufflez là-dessus, monsieur, dit M. de Sievenn à M. Malais en lui présentant la tabatière où était la cendre. Vous ne voulez pas? je vais souffler moi-même.

Et la cendre s'envola et tomba dans la chambre.

— Voilà qui est fini, ajouta M. de Sievenn. Mais qu'est-ce que cette voiture qui s'arrête devant cette porte?

— C'est une voiture que j'ai demandée pour la comtesse de Morville, ma nièce, et pour moi, à cause de notre départ.

— Elle va vous conduire chez vous à Beuzeval, où vous retrouverez tout comme vous l'avez laissé. Nous avons eu assez de peine à remettre tout en ordre, Onésime et moi.

Le vieillard, succombant à tant d'émo-

tions, tomba assis et pâle dans un fauteuil.
Pulchérie se précipita pour le secourir. On
donna de l'air, il ouvrit presque aussitôt les
yeux.

— N'ayez pas peur, dit-il, cela ne fait pas
de mal. Mais enfin, Onésime, que veux-tu,
mon garçon? Je n'ai rien au monde que ce
que tu me donnes. Demande à Pulchérie si
elle est plus riche que moi.

Onésime se tourna vers son père et lui
donna des papiers que lui tendit M. de Sievenn :

— Un fils, dit-il, ne peut pas être plus
riche que son père. Ces papiers vous donnent
tout ce qui vient du cousin Éloi. Tout est à
vous et à ma mère. Vous prendrez chez vous
Bérénice et Glam, moi et Pulchérie, si elle y
consent.

Puis, s'adressant à Pulchérie :

— Pulchérie, ajouta-t-il, ma vie tout entière a été à vous jusqu'ici ; voulez-vous en
accepter le reste? Je ne suis digne de vous
que par mon amour.

Pulchérie se jeta dans les bras de Pélagie,
puis dans ceux de Bérénice, qu'elle embrassa
sur les deux joues. Onésime cueillit ces baisers sur les joues de sa sœur.

———

Il y a une douzaine d'années à peu près,
par une chaude journée d'août, je me pro-

menais sur la côte de Beuzeval. Le soleil brûlait la terre ; les oiseaux se taisaient ; on n'entendait que les sauterelles dans les chaumes. Je m'étais assis à l'ombre des saules, au bord de la riante et limpide rivière de Beuzeval, qui murmurait sur les cailloux, en baignant le cresson et les myosotis aux fleurs bleues.

Non loin de moi s'était mis aussi à l'ombre un vieux berger, vêtu d'une souquenille brune ; d'un chapeau à larges bords s'échappaient de longues mèches de cheveux blancs qui venaient se mêler à une barbe également blanche ; malgré cela, il était loin d'avoir l'air vénérable. Sous ces sourcils épais on voyait des yeux pleins de ruse, qui semblaient éviter les regards. Ses chiens haletaient couchés à ses pieds. Les moutons cherchaient, dans les chaumes coupés, de petits liserons à fleurs rose pâle, qui exhalent une odeur d'amande, seule verdure que le soleil eût laissée dans le champ où ils se trouvaient. Quelques-uns broutaient un peu d'herbe sous les arbres, ou s'efforçaient d'atteindre quelques feuilles aux branches pendantes des saules.

Je voulus faire causer le berger. Je risquai l'observation usitée en pareil cas, qu'il faisait bien chaud. D'une part, il ne pouvait nier la chose ; d'autre part, j'en paraissais tellement convaincu. que je n'avais pas besoin d'être confirmé dans cette opinion par l'assentiment du berger. Il n'y avait pas besoin de réponse, il ne me répondit pas. Je lui demandai alors combien il y avait de chemin de Beuzeval à Dive, où je logeais, et quel était le chemin le plus court. Il se leva, rassembla ses moutons, siffla ses chiens et se mit en marche sans m'avoir répondu. Je ne tardai pas à le voir disparaître derrière les haies.

Je m'égarai un peu en rentrant à Dive; mon hôtesse me dit :

— Monsieur, ce n'est pas ma faute si votre dîner ne vaut rien; il n'y a réellement pas de bon sens à rentrer dîner à sept heures.

— Ma foi, dis-je, c'est la faute d'un berger qui n'a pas voulu m'enseigner mon chemin, et je me suis un peu égaré. Je ne risque rien, murmurai-je en m'adressant à la fille de l'hôtesse, de mettre la chose sur le dos à l'homme que j'ai rencontré. Si sa physionomie ne me trompe pas, il en a d'autres et de plus lourdes sur la conscience.

— Si c'est celui que nous savons bien, dit l'hôtesse qui écoutait toujours ce qu'on disait à sa fille, surtout quand on parlait bas, si c'est un homme très-vieux, très-maigre, à cheveux blancs et à barbe blanche, vous n'en imaginerez jamais sur lui autant qu'il en a fait. Aujourd'hui il est sorcier, il jette et lève des sorts, il préserve les jeunes gens de la conscription; mais il est sombre et taci-

turne, il y a des endroits où il ne passe jamais. Vous ne le feriez pas descendre jusqu'au
moulin de Beuzeval pour tout l'or du monde.
Je parle du moulin qui est au bord de la mer.
Il y a bien longtemps, il a assassiné un meunier à qui était, non pas le moulin, mais un
autre bâti à la même place. Il ne passe pas
non plus sur l'emplacement où était autrefois
le château de Beuzeval. Il y a là-dessus une
histoire... terrible, où il est question de bien
du monde ; mais la plupart des gens d'alors
sont morts, les autres ont quitté le pays et
ne sont plus jeunes. Le berger Garandin a,
dit-on, quatre-vingt-seize ans, mais il mourra
ici. Il avait, dans le temps, été condamné
aux galères à perpétuité ; il a eu sa grâce au
bout de douze ans. Seulement on ne lui permet pas de s'écarter du pays où, tout vieux
qu'il est, on le surveille sévèrement.

Je demandai si on pourrait me raconter
cette terrible histoire. L'hôtesse me mena
chez une très-vieille femme sourde qui faisait de la dentelle noire. Elle avait connu
tous les personnages de ce récit, et était pa-
rente de Désirée, la servante du meunier.
Elle mit plusieurs jours à se rappeler et à me
conter l'histoire.

Je viens de vous la conter à mon tour.

FIN.

www.ingramcontent.com/pod-product-compliance
Lightning Source LLC
Chambersburg PA
CBHW071941090426
42740CB00011B/1781